KB235361

Win의 거듭제곱

존경받는 기업을 만드는
새로운 비즈니스 패러다임

고구레 마사히사 지음 | 이지현 옮김

토트

영리와 비영리의 경계에서 착안한 새로운 전략

Win의 거듭제곱

컨설팅 회사 맥킨지 앤드 컴퍼니McKinsey & Company에서 근무했을 때의 일이다. 당시 뉴욕 지사에서 근무하고 있던 나는 일본계 제약회사의 미국 법인을 재건하는 프로젝트에 참여하게 되었다. 프로젝트를 의뢰했던 미국 법인은 막대한 비용이 드는 신약 연구와 개발을 담당하고 있었다. 그런데 이 법인은 좀처럼 신약을 내놓지 못했고, 직원들의 인건비와 활동경비만 눈덩이처럼 불어나고 있었다.

당시 이 법인을 이끌던 사장과 임원, 주요 직책을 맡은 사람들은 모두 미국인이었다. 그러다 보니 경영 부진의 원인을 조사하기 위해 본사에서 파견된 일본인 직원들과 미묘한 알력을 형성하고 있었다.

자신의 업무가 제대로 평가받지 못하고 있다는 사실을 알게 된 미국 법인의 사장은 본사에 연락을 취하거나 보고하는 일을 게을리 했다. 직원들도 이를 추종하듯이 제멋대로 굴기 시작했다. 이 제약회사가 맥킨지에 컨설팅을 의뢰한 것은 이런 절박한 상황에서였다.

맥킨지는 뉴욕과 도쿄 지사에서 의료업계를 전담하는 유능한 컨설턴트들을 프로젝트 팀원으로 발탁했다. 뉴욕 주재원 근무가 거의 끝나갈 무렵, 나는 미국에서의 마지막 프로젝트로 이 일에 투입되었다.

맥킨지 과제 해결 방식이 초래한 응어리

재건 프로젝트가 시작되고 우리는 제일 먼저 조직의 현황과 과제를 파악하기 위해 미국 법인의 모든 직원을 대상으로 인터뷰를 실시했다. 그리고 시장조사 결과와 법인의 재무 상태를 철저하게 분석하여 향후의 성장 가능성과 현재의 비효율적인 부분, 더불어 그 수준을 파악하는 일에 돌입했다.

그 결과, 조직 내 업무가 개인의 능력과 경험에 지나치게 의존하고 있다는 점이 문제로 대두되었다. 조직이 '개인 상점화'되어 내부 커뮤니케이션에 혼란과 비효율을 초래하고 있었던 것이다. 또한 상품화 가능성이 낮은 연구 개발을 지속함으로써 발생하는 불필요한 비용도 너무 많았다.

이런 과제를 해결하기 위해서 우리가 생각해낸 방책은 다음과 같은 것들이었다.

- 조직 내의 부서와 직책마다 각각의 직무와 역할을 재정의하여 명확히 할 것
- '보연상(보고·연락·상담)'을 확실히 하기 위해서 커뮤니케이션의 순서를 정하고 규칙화할 것
- 신약 개발의 경우, 각 개발 단계에 엄격한 평가 기준을 설정하여 이를 확실하게 지키고, 이 기준에 도달하지 못하는 제품은 본사 주도로 개발을 중단할 것

이런 방책들은 당시 어수선하고 복잡했던 '개인 상점화' 현상을 없애고 명확한 규칙과 프로세스에 따라 운영되는 조직 본래의 모습을 되찾는 데 목표를 두고 있었다. 이를 통해서 시장성이 높은 신약 개발을 명확하게 수행하고 불필요한 경비를 줄이자는 제안이었다.

프로젝트의 마무리 단계에서 이런 제안 내용을 본사에 보고하자 담당 임원을 비롯한 관계자들로부터 '단시간에 상세하게 분석했고 효과적인 제안을 해줘서 고맙다'는 감사의 인사가 돌아왔다. 나는 '이 프로젝트로 뉴욕 주재원 생활의 유종의 미를 거뒀다'고 만족스러워 하며 도쿄로 돌아왔다.

그런데 우리의 제안은 결국 실현되지 못한 채 물거품이 되고 말았다. 본사가 다른 제약회사와 합병되는 바람에 재건을 위한 노력이 도중에 좌절된 것이다. 재건을 위한 노력이 중단된 것 자체는 아쉽지만 경영 판단에 따른 것이니 어쩔 수 없는 일이었다.

그보다 내가 적잖이 충격을 받은 것은 재건을 위한 움직임이 시작되자마자 미국인 사장이 법인을 떠났다는 사실이다. 그리고 그 뒤를 이어 중요한 현지 직원들까지도 차례로 회사를 그만두었다. 그 무렵 나는 맥킨지를 퇴사한 상태라서 이미 상관없는 일이었지만, 그 당시에는 왜 그들이 한꺼번에 회사를 그만뒀는지 의아하게 생각했다.

당시 우리의 제안은 분명히 일본 본사와 미국 법인을 위한 것이었다. 그런데 왜 재건을 위한 움직임이 시작되자마자 우수한 현지 직원들이 그만두었을까. 의문이 끊임없이 내 머릿속을 맴돌았다.

그런데 '테이블 포 투TFT ; Table For Two'라는 비영리민간단체NPO ; Non-Profit Organization를 설립하고 경영자의 한 사람이 된 지금, 나는 당시에 갖지 못했던 새로운 관점을 갖게 되었다. 그것은 '그 제안이 조직 안에서 일하는 직원들을 위한 것이었나?' 하는 것이다. 자신 있게 '그렇다'고 말할 수 없었던 사실을 나는 지금에서야 깨닫고 있다.

그 제안에 '미래예상도'는 있었는가?

의약품 연구 및 개발에 종사하는 사람들에게 가장 큰 기쁨은 새로운 제품을 만들어 질병으로 고통받는 사람들을 돕는 것이다. 그것이야말로 몇 년에 걸쳐 반복되는 실험과 개발 작업에 대한 의욕을 지속시키고, 그간에 겪었던 역경에 대한 보상이 되기도 한다.

그런데 우리가 했던 제안은 상품화의 가능성을 가로막거나 그 가능성이 가로막혔다고 느끼기에 충분한 '답답한 규칙'을 만드는 일이었다. 비용 효과를 높인다면서 연구 개발의 기쁨을 꺾을 수밖에 없는 제안을 했던 것이다.

제약회사에 일하는 사람들 중에는 '자신의 일을 통해서 환자의 목숨을 구하고 싶다'는 사명감을 갖고 있는 사람이 많다. 이는 미국 법인에서 근무했던 현지 직원들도 마찬가지였다. 그런데 당시 우리는 '직원은 이 제안에 명기된 직무만 열심히 하면 된다' 하며 역할 정의라는 명목 하에 그들을 연구실 안에 가둬 버렸다.

결국 그들은 환자나 의료 관계자와 만날 기회가 현저히 줄어들었고 '환자에게 도움이 되고 있다'는 사실을 피부로 직접 느끼지 못하게 되었던 것이다. 게다가 의뢰 회사는 일본에서는 잘 알려져 있었지만 미국에서의 지명도는 그리 높지 않았다. 그런데도 미국인들이 이 회사에서 일하려고 했던 이유는 사람들이 대기업이 아닌 벤처기업을 선택하는 이유와 같았다. 안정보다는 자신에게 주어지는 자유와 기회가 많을 것 같은 곳을 선택했던 것이다. 어쩌면 우리는 이런 사람들에게서 도전의 기회를 빼앗았던 것은 아닐까?

조직 개혁에는 고통이 따르게 마련이다. 경영 재건을 위해서는 규칙을 만드는 것도, 역할을 엄격히 구분하는 것도 필요하다. 그러나 고통을 강요하려면 '무엇을 위한 개혁인지'에 대한 대의 즉, 마음을 두고 의지할 곳이나 고통 끝에 자신을 기다리고 있을 '미래예상도'를 함께 준비해 둬야 직원들의 사기와 의욕이 꺾이지 않는다. 이 프로젝트의 허점은 바로 그런 관점의 부재였다. 미래예상도를 공유하지 못했기 때문에 업무에 대한 직원들의 동기부여가 떨어졌고, 결과적으로 그들은 조직을 떠난 것이다.

조직을 외부에서 바라보는 컨설턴트였을 때는 미래예상도 없이 일하는 고통은 상상할 수조차 없었다. 하지만 경영자의 한 사람이 된 지금은 그것이 일하는 사람들에게 얼마나 큰 동기부여가 되고, 결과에 얼마나 큰 영향을 미치는지 잘 알게 되었다.

무엇을 위해 일하는지 다시 생각해 보기

미래예상도를 갖지 못하면 자신의 일에 대한 의의를 찾지 못한다. 이는 내가 대표로 근무하고 있는 TFT 멤버들을 만나서도, TFT 프로그램을 도입한 기업에서 근무하는 사람들을 만나서도 느끼는 것이다. 우수한 능력을 갖추고 있고, 원래는 열정도 있고 의욕도 높았던 사람들이 이렇게 말한다.

"지금 여기서 하는 일은 어디까지나 경험을 쌓고 기술을 익히기 위한 거야. 원래 하고 싶었던 일은 따로 있어. 때가 되면 회사를 그만두고 그 일을 할 생각이야."

"바늘구멍 같은 면접을 뚫고 들어왔지만 솔직히 이 회사가 무엇을 하고 싶은 건지, 나는 무엇을 위해 이 일을 하는 건지 모르겠어요.”

참으로 안타까운 일이다. 세계의 미래를 이끌어 나갈 인재들이 ‘무엇을 위해서 일하고 있는지’를 모른다는 것이다. 이래가지고서야 자신이 가진 능력을 충분히 발휘할 수가 없다. 내가 안타까워하는 것은 바로 이것이다.

내가 미래예상도를 가짐으로써 얻을 수 있는 긍정의 힘을 깨닫게 된 것 역시 TFT 활동을 통해서였다. 나를 비롯해 TFT에서 일하는 사람들은 모두 생기가 넘쳐흐른다.

“제가 정말로 하고 싶었던 일이 바로 이겁니다.”

“자신의 장점을 살리고 일을 통해 누군가를 기쁘게 할 수 있다니!”

“사회를 보다 나은 곳으로 만들고 싶은 사람들과 함께 눈에 보이는 긍정의 변화를 만들고 있다는 것을 실감할 수 있어요.”

현장에서 내가 그들에게 감사의 마음을 전할 때면 거의 매일 이런 이야기를 듣는다.

영리와 비영리의 경계에서 착안한 새로운 전략, ‘Win의 거듭제곱’

나는 대학 재학 중에는 심장병 환자들을 위한 인공심장 연구에 몰두했고 졸업한 뒤에는 맥킨지 앤드 컴퍼니라는 세계적으로 유명한 전략 컨설팅 회사에서 근무했다. 그 다음에는 100년 이상의 역사를 자랑하는 쇼치쿠라는 전통적인 일본 기업에서 일했고, 이후 큰 결심을 하고 NPO를 설립해 지금에 이르렀다.

지금은 NPO의 대표로 500개사 이상의 민간기업과 파트너십을 체결하고 세계 각국의 비만과 빈곤을 없애려는 글로벌 차원의 사회적 과제를 해결하기 위해 노력하고 있다.

이렇게 영리와 비영리의 세계를 왔다 갔다 하면서 전 세계를 무대로 일하다 보니 현재 기업이나 그곳에서 일하는 사람들이 떠안고 있는 고민에 공통적인 문제점이 있고, 또한 해결책도 동일하다는 점을 깨닫게 되었다.

그것이 바로 'Win의 거듭제곱' 그리고 '5C로 생각한다'는 개념이다.

경영 분야에서는 'Win-Win의 관계'를 구축할 수 있는 비즈니스 모델이 성공의 열쇠라는 말을 자주 한다. 거래처와 자사 모두에게 이점을 가져다주는 구조가 성공의 열쇠라는 뜻이다. 나도 이런 관계에는 대찬성이다. 단, Win의 창출을 1:1의 관계 또는 거래처와의 관계로 한정짓지 말자는 것이 이 책을 통해 내가 전달하고 싶은 핵심이다.

Win은 좀 더 넓은 범위에서 만들 수 있다. 그렇게 하면 기업이나 단체에서 일하는 동료와 고객, 사회의 '모든 사람'을 행복하게 할 수 있다. 그리고 Win의 수가 늘어나면 행복감과 만족감은 수학의 '거듭제곱'

과 같이 확대된다.

자신이 근무하는 회사가 '함께 일하는 동료', '상품과 서비스를 구매하는 고객', '사업을 전개하는 지역', '자금을 제공한 주주' 그리고 '경쟁자라고 생각했던 협력자', 이렇게 다섯 영역의 모든 관련자들을 행복하게 만들고 또한 그들 모두에게 사랑받는 존재라고 생각해 보자. 그리고 그것이 국경을 넘어 현실화된다면?

바로 이것이 5C를 통해 Win의 거듭제곱을 만드는 일이다. 이는 비즈니스를 성공으로 이끌 뿐만 아니라 기업에서 일하는 모든 직원이 미래예상도를 갖고 각자의 능력을 충분히 발휘하면서 일할 수 있는 환경을 만드는 일로도 이어진다.

이 책에서는 위와 같은 Win을 만드는 과정을 세 개 부문으로 나누어 설명한다. 본론으로 들어가기에 앞서 프롤로그에서는 내가 대표로 근무하고 있는 TFT의 비즈니스 모델을 자세하게 살펴보면서 그곳에서 볼 수 있는 Win의 형태와 Win의 거듭제곱이란 무엇인가 그리고 그것을 만들기 위한 5C의 개념에 대해 알아본다. 그리고 뒤이어 실제로 있을 법한 사례를 배치해 개발도상국 진출에 고전을 면치 못하는 기업의 상황을 살펴보고 있다.

1장부터 5장까지가 이 책의 핵심으로, 5C란 각각 구체적으로 무엇인지에 대해 설명하고 기업과 NPO의 사례를 들어 알아본다. 이 책을 읽는 동안 당신도 자연스럽게 Win의 거듭제곱을 비즈니스 현장에서 실현하려면 어떻게 하면 좋을지 함께 고민하게 되기를 바란다.

‘Win의 거듭제곱’은 글로벌 성공을 가져다준다

Win의 거듭제곱이라는 개념에 기초해서 비즈니스 모델이나 조직을 생각하면 큰 이점이 있다. 바로 ‘글로벌 성공을 가져다준다’는 점이다. 앞으로는 기업도 NPO도 세계를 무대로 승부를 걸려면 세계 각국의 고객과 파트너, 나아가 진출국의 지역사회에 이르기까지 보다 많은 사람들과 보다 넓은 장소에서 Win을 창출할 수 있는 모델을 그려야 ‘지속 가능한 발전’이 가능하다. 그러지 못하면 동료들은 저만치 멀어지고 고객들도 발길을 돌려 시장에서 퇴출당할지도 모른다.

예전에 내가 깨달았던 것처럼, 종래의 발상에 기초한 ‘올바른 전략’만으로는 자신의 사업을 통해 세계를 움직일 수 없다. 그렇기 때문에 새로운 발상이 필요하다.

영리든 비영리든 Win의 거듭제곱을 만드는 데 성공한 조직이 글로벌 성공을 거머쥐고, 또한 일하는 개인의 성장의 장 그리고 일하는 보람을 느끼는 공간이 된다. 이런 사례를 당신은 이 책을 통해서 접하게 될 것이다. 그리고 이 책을 다 읽고 난 뒤에는 지금까지 생각지도 못했던 근무 방식을 깨닫게 될지도 모른다. 또 어떤 사람은 예상 밖의 협력 방식에 새로운 가능성을 발견할지도 모른다. 당신의 기업과 조직에 관련된 모든 사람과 조직에 Win이 창출되기를 바란다. 그리고 세계적으로 사랑받는 기업으로 거듭나길 바란다.

– 고구레 마사히사

머리말

영리와 비영리의 경계에서 착안한 새로운 전략, Win의 거듭제곱　4

프롤로그

'테이블 포 투'는 어떻게
세계적인 영향력을 갖게 되었는가

– 영리와 비영리의 벽을 넘은 'Win의 거듭제곱'

• TFT를 성공으로 이끈 단 하나의 이유　21

• Win의 거듭제곱을 실현하기 위한 '5C'　33

• NPO란 어떤 조직이고 기업과 어떻게 다른가　47

사례를 통해 생각해 보는 Win을 창출하는 방법

'쓰치다 농기계'의 글로벌 전략　54

1
Company

함께 일하는 동료에게
Win을 창출한다

– '누군가에게 도움이 되고 있다'는 생각이 일로 이어지는가

- 우선 함께 일하는 '동료'를 행복하게　75
- 동료에게 Win을 창출하기 위한 세 가지 조건　79
- '회사 밖의 지혜'를 활용한다　98

2
Customer

서비스를 받는 사람에게
Win을 창출한다

– 멤버 한 사람 한 사람은 고객의 '얼굴'을 보고 있는가

- 누가 서비스를 받는 사람인지를 '안다'　111
- 가까이 두고 계속 쓸 수 있도록 '설계한다'　118
- 진심 어린 감사를 받는 서비스를 '제공한다'　127

3
Community

지역사회에
Win을 창출한다

– 본업을 통해 '사회적 이익'을 창출할 수 있는가

- 지역사회에 기여하는 것은 어떻게 이익으로 이어지는가　139
- 지역사회와 함께 생각한다는 것은?　143
- 지역사회의 Win을 기업으로 되돌아오게 하는 '스토리 만들기'　153

4
Contributor

투자자에게
Win을 창출한다

– '사회적 영향력'이라는 '환원'을 창출할 수 있는가

- 투자자를 행복하게 만들 수 있는가　163
- '임팩트 인베스트먼트' 흐름에서 바라본 두 가지 전략　168
- CSR을 그저 그런 CSR로 끝내지 않기 위해서　177

5

Cooperator

'경쟁'을 '협업'으로 바꾸어
Win을 창출한다

– 자신에게 부족한 부분을 누가 갖고 있는지 알고 있는가

- '경쟁', '혼자만의 승리'는 이제 끝났다　189
- 비즈니스 추구형 M&A로 이동하자　193
- 기업과 NPO가 할 수 있는 것　201

사례를 통해 생각해 보는 Win을 창출하는 방법

하시모토 팀의 뒷이야기　209

맺음말

이익창출과 사회기여, 두 마리 토끼 잡기　216

'테이블 포 투'는 어떻게 세계적인 영향력을 갖게 되었는가

– 영리와 비영리의 벽을 넘은 'Win의 거듭제곱'

TFT를 성공으로 이끈 단 하나의 이유

비만과 기아를 동시에 해결하는 '직원식당 프로그램'

내가 대표로 근무하고 있는 '테이블 포 투 인터내셔널Table For Two International'은 2007년에 설립된 비영리민간단체NPO다.

현재 전 세계에는 10억여 명이 빈곤으로 인한 영양실조와 기아에 시달리는 한편, 거의 같은 수의 사람들이 과식으로 인한 비만과 성인병을 앓고 있다. 생명 유지에 필요한 식량을 구할 수 없어 목숨을 잃는 사람이 있는 반면, 과식으로 건강을 해치는 사람도 있다. 의식주 중 '식'과 관련된 아이러니한 현상이 전 세계적으로 일어나고 있는 것이다.

TFT는 식량분배의 불균형에서 비롯되는 모든 문제에 대해 개발도 상국과 선진국의 양 측면에서 접근하고, 이를 해결하기 위한 다양한 프로그램을 사업화하고 있다. '양 측면에서 접근한다'는 말만으로는 무슨 뜻인지 이해하기 어려울 것이다. 구체적으로 TFT가 어떤 활동을 하고 있는지에 관해 TFT 활동의 핵심인 '직원식당 프로그램'을 예로 들어 설명하겠다.

기업은 직원들의 복리후생을 위해 직원식당을 운영한다. 이런 직원식당에 일반 메뉴 대신 적절한 칼로리와 필요한 영양을 골고루 갖춘 'TFT 건강메뉴'를 채택하는 것이 '직원식당 프로그램'에 참여하는 첫걸음이다.

TFT 건강메뉴의 비용은 TFT를 통해서 아프리카 지역에 보내는 기부금 20엔을 더해 산출한다. 이 돈은 TFT가 지원하는 아프리카 지역 국가들의 학교 급식 1인분에 해당한다. 즉, 선진국의 한 직원식당에서 누군가 TFT 건강메뉴를 사먹으면 아프리카 지역의 어린이 한 명이 영양만점의 급식을 배부르게 먹을 수 있다. '과식하는 사람이 줄인 칼로리를 부족한 사람에게 나눠 줌으로써 식량분배의 불균형을 해소하자'는 취지다. 이 작은 돈이 잇는 두 명의 건강한 식탁이 바로 '테이블 포투'다.

'TFT의 목표'는 '두 명의 식탁'을 통해서 선진국의 비만 문제와 개발도상국의 기아 문제를 동시에 해결하는 것이다. 현재 '직원식당 프로그램'에 참여하고 있는 기업 및 단체는 500곳을 넘어서고 있다.

한 젊은이의 아이디어가
나를 변화시켰다

식량분배의 불균형에 대해 선진국과 개발도상국의 양 측면에서 접근하고자 하는 TFT의 개념은 세계경제포럼의 한 회의석상에서 탄생되었다. 세계경제포럼이 뽑은 40세 이하의 '젊은 글로벌 리더Young Global Leaders'들이 참석한 회의였는데, 리더들 가운데 일본인이 세 명 있었다.

회의의 주제는 '세계의 기아와 과식'이었고, 참석했던 세 명의 일본인은 사회문제를 해결하기 위한 대부분의 움직임이 미국과 유럽에서 시작되는 것을 바꾸고 싶다는 의욕을 갖고 있었다. 그리고 기아와 과식으로 고민하는 사람들의 수가 거의 동일하다는 현실에 주목하고 지혜를 짜냈다. 이들이 TFT의 개념을 생각해내고 이를 전 세계로 확산되는 사회사업으로 육성하는 데 의기투합한 것이 2006년의 일이다.

그 후 얼마 지나지 않아 그들 중 한 명에게 TFT의 개념을 듣게 된 나는 머리를 한 대 맞은 것처럼 큰 충격에 빠졌다. 이제까지 나는 사회기여란 선진국의 선의를 가진 개인이 개발도상국 사람들에게 베푸는, 좋은 표현은 아니지만, '가진 자'가 '가지지 못한 자'에게 일방적으로 베푸는 것이라고 생각했기 때문이다. 나는 '사회기여를 사업화해서 개발도상국뿐만 아니라 우리 자신의 문제도 함께 해결할 수 있다는 사실'에 큰 감동을 받았다.

그런데 TFT의 활동은 그 당시에 순조로웠다고 할 수 없는 상황이었다. TFT를 맡아 줄 마땅한 사람이 없었기 때문이다. 이 개념을 처음으로 생각해낸 멤버들은 젊은 글로벌 리더로 뽑힐 만큼 유능한 인재들이었기 때문에 본업만으로도 무척 바빴다. 그렇다고 해서 이 일이 아무나 할 수 있는 사업도 아니었다. 이런 이유에서 결국 나에게 사무국장 자리를 맡아 달라는 제안이 들어오게 된 것이다.

물론 많이 망설였다. 나는 '사회사업'을 처음 접하고 그 분야에 눈을 뜨면서 TFT의 개념을 듣게 되었다. 그리고 크게 감동을 받아 가슴이 벅차올랐다. 하지만 '과연 이 일을 하면서 생활을 잘 이어나갈 수 있을까?' 하는 걱정이 고개를 들었다. 고민의 고민을 거듭하고, 생각에 생각을 거듭하던 나는 결국 마음의 소리에 귀를 기울이기로 결정했다. 내 마음속에는 이미 '사회에 도움이 되는 일이 하고 싶다', '사람들에게 진정으로 '고맙다'는 말을 듣는 일이 하고 싶다'는 생각이 자리하고 있었기 때문이다. 그리고 TFT라면 이런 생각을 실현할 수 있을 것이라는 믿음도 있었다.

나는 곧바로 근무하던 회사를 그만두었다. 그리고 2007년에 TFT를 비영리민간단체로 발족시키면서 활동을 시작했다. 처음에는 직원식당 프로그램을 중심으로 기업 단위의 참여를 유치했지만 지금은 일반 레스토랑이나 편의점과의 협력을 통해 개인도 참여할 수 있게 되었다. TFT를 통해서 아프리카 지역에 보내진 기부금도 2007년도에 약 5,700명분이었던 것이 2010년에는 약 580만 명분으로 늘어났고, 이와 함께 TFT는 사회사업으로 큰 성장을 이뤘다.

'20엔'으로 세계를 잇는 개념이
널리 퍼질 때까지

이렇게 말하면 TFT가 아주 순조롭게 성장한 것처럼 들릴지도 모르겠다. 하지만 지금까지의 여정이 그리 순탄하지만은 않았다. 지금이야 사회적 기업이나 사회사업이라는 개념이 정착되었지만, 당초에는 직원식당 프로그램을 설명하려고 기업을 방문해 비영리민간단체 명함을 내밀면 '사이비 단체가 아닌가?' 하는 따가운 시선을 받았다. 그 정도는 아니라도 '우리는 시장경제 속에서 어떡하든 살아남으려고 필사적인데, 이상적인 이념만 내세우면서 먹고 살려고 하다니, 아주 태평스럽구먼!' 하는 냉랭한 대우를 받는 일은 비일비재했다.

또한 TFT가 기부금 20엔의 20퍼센트 즉, 4엔을 사업 운영경비로 쓰는 것에 대해 "기부금은 100퍼센트 아프리카에 보내야 한다!"는 둥 "TFT는 부당하게 돈을 벌고 있다"는 둥 비난을 받기도 했다. 이런 비난을 들을 때마다 사회공헌을 위해 애쓰고 비영리민간단체에서 근무하는 사람들은 모두 무상으로 일하는 자원봉사자여야 한다는 생각이 우리 사회에 뿌리 깊게 남아 있다는 것을 절감했다.

이렇게 힘든 시작을 경험한 TFT가 여기까지 성장할 수 있었던 이유는 무엇일까? 뭔가 큰 전환점이 있었는지 돌이켜봐도 '이것이 전환점이었다'고 말할 수 있는 순간은 없다. 물론 특정 건강검진이나 보건지도, 직원식당의 유행 등과 관련하여 대중매체에서 이슈화된 것이 인지도를 높인 것은 사실이다.

하지만 20엔으로 참여할 수 있다는 부담스럽지 않은 점과 일방적인 기부에 그치지 않고 자신의 건강 개선에도 도움이 된다는 개념이 직장인들에게 지지를 받았고 서서히 그 범위가 넓어졌다는 것이 진짜 성공 포인트가 아닐까 싶다. '이 개념을 이해시키기만 하면 반드시 지지를 얻을 것이다'는 생각을 갖고 끈기 있게 쌓아온 활동이 지금의 성과를 낳은 것이다.

비영리단체를
'경영'하는 일이란?

비영리민간단체를 '사업', '경영', '성장'이라는 단어와 함께 언급한 것에 거부감을 느끼는 사람도 있을지 모르겠다. 그러나 TFT를 정상 궤도에 올리기 위해 필요했던 것은 바로 영리를 목적으로 하는 '비즈니스'적인 시고방식이었다.

비영리민간단체를 경영한다는 관점에서 말하자면 나는 'TFT의 조직형태는 비영리민간단체지만, 사회공헌이라는 '사업'을 운영한다는 측면에서는 일반기업과 다르지 않다'고 생각한다.

차이점은 이익을 주주들에게 환원하는 것이 아니라, 다른 목표를 위해 재투자한다는 점이다. 기부금 수입을 늘리기 위해서 우수한 인재를 고용하고, 인지도를 높이기 위해서 마케팅 활동을 하고, 소수 인원으로 효율적으로 운영할 수 있는 업무 프로세스나 IT 인프라를 정비하는 등 낭비 없이 적절하게 자원을 투자하는 것도 일반기업과 다를 바 없다.

그렇기 때문에 TFT가 활동을 지속하고 확대해 나가기 위해서도 확실하게 사업에 필요한 투자를 하면서 이익을 낼 수 있는 조직을 구성하는 것이 중요하다.

이런 사고방식을 포함해서 TFT의 활동에 대한 참여 기업의 이해를 얻는 데는 상당한 시간이 걸렸다. 하지만 착실하게 기부실적을 올리면서 끈기 있게 기업을 대상으로 영업활동을 벌인 결과, 직원식당 프로그램에 참여하는 기업 및 단체의 수는 앞서 언급했듯이 500개사를 넘어서고 있다.

그리고 TFT 인지도가 높아짐에 따라 "개인이 참여할 수 있는 방법은 없나요?"라는 문의를 자주 받게 되었고, 레스토랑이나 편의점에 TFT 메뉴를 도입하고 상품을 판매하는 일로 이어졌다. 지금은 이를 통해 더욱더 많은 사람이 TFT를 알고 TFT 활동에 참여하고 있다.

'활동에 참여한다'는 표현을 쓰는 이유는 TFT의 상품이나 메뉴를 구입하는 등 직접적으로 기부를 받는 프로그램만이 TFT를 돕는 방법이 아니기 때문이다. 'TFT라는 단체가 있다'고 주변 사람들에게 알리는 것도, 자원봉사자로 운영을 도와주는 것도, TFT를 계기로 식량분배의 불균형에 대해 생각하고 건강한 식사를 남김없이 먹는 것도 TFT 활동에 참여하는 일이다. 그러고 보니 'TFT가 상당히 큰 운동이 되고 있는 것은 아닌가?' 하는 생각이 든다. 여기까지 오는 길이 결코 순탄했던 것은 아니지만, 설립 이후 5년이 지난 지금 우리의 활동이 이렇게 널리 확대된 것을 보고 있으면 흐뭇하기 그지없다.

세계로 뻗어 나가는
'두 명의 식탁'

TFT 활동이 서서히 정상 궤도에 오르기 시작할 무렵, 해외에서 날아오는 문의도 늘어났다. 재미있는 일은 해외 문의자의 대다수가 일본인이었다는 것이다.

그 이유 중 하나는 TFT가 일본에서 시작된 시회기여 활동이라는 점이다. 현재 전 세계에서 큰 반향을 불러일으키고 있는 사회기여 활동은 대부분 미국이나 유럽에서 시작된 것들이다. 이런 맥락에서 생각해 보면 타국에서 활동하고 있는 일본인들의 안테나에 '일본에서 시작'된 TFT의 활동이 민감하게 받아들여지게 된 것은 당연한 일인지도 모른다.

그런데 그 시점에 TFT에는 해외에 직원을 파견해서 영업활동을 할 수 있는 경제적, 인적 여유가 없었다. 그래서 문의를 해온 사람들에게 TFT 자원봉사자 응원단이 되어 그들이 소속된 회사나 학교가 TFT 프로그램에 참여할 수 있도록 설득하거나 TFT를 그들이 거주하는 지역사회에 홍보하는 일을 맡겼다.

그들의 적극적인 활동은 아주 성공적이었다. TFT 프로그램을 도입하고 싶다고 문의를 해오는 해외 기업이 점차 늘어난 것이다. 지금은 '해외응원단'이 미국과 유럽, 아시아의 10여 개국에서 활동하고 있고, 그곳을 중심으로 세계 각국의 TFT 활동이 더욱 확대되고 있다.

뉴욕 맨해튼에 있는 카페를 비롯해 샌프란시스코에 있는 대학교의 학생식당, 홍콩에서 최대 규모를 자랑하는 레스토랑, 노르웨이의 병원 식당, 나아가 세계경제포럼 참가자들에게 제공되는 중식에도 TFT가 도입되고 있다.

해외 참여 기업들은 "TFT처럼 돕는 쪽도, 도움을 받는 쪽도 이익을 얻는 Win-Win 활동은 드물다"고 입을 모았다. 그동안의 수많은 사회사업은 노블레스 오블리주의 정신에 따라 후원자의 기부를 피후원자에게 보내는 '일방통행형'으로, TFT와 같은 '쌍방향형' 사례는 별로 없었다.

이런 이야기들이 사회사업의 발상지인 미국과 유럽에서 들려오면서 나는 TFT의 독특한 후원모델이 세계 각국에도 통용된다는 것을 실감했다.

관련된 모든 사람이
행복해진다

TFT는 후원하는 쪽도, 후원을 받는 쪽도 이익을 얻는 Win-Win 활동이다. 그러나 나는 TFT 활동을 통해 행복해지는 사람은 이 두 명이 아니라고 생각한다. 내가 이 일을 시작하고 나서 함께 활동한 사람들 '모두' 즐겁게 TFT 활동에 참여하고 있기 때문이다.

그리고 이는 기부를 해준 사람과 후원을 받은 아프리카 어린이들에게만 국한되지 않는다. 국내외를 불문하고 자원봉사자로 TFT의 사무를 도와주는 사람, 대학에서 TFT 활동에 대해 홍보하는 학생들, 내가 출연한 라디오 프로그램을 듣고 소감을 적어 보낸 청취자 등 모든 사람이 즐겁게 TFT에 대해 이야기하고 어떤 형태로든 지속적으로 TFT에 참여해 준다.

그들을 보면서 나는 Win-Win이란 양자 간의 관계로는 다 설명할 수 없다는 생각을 한다. 왜냐하면 Win은 TFT에 참여하고 협력해 준 사람들이 있는 모든 곳에 존재하기 때문이다. 그리고 이 Win은 한 가지가 생기면 빠르게 그 주변으로 전달된다. 마치 수면에 생긴 파문이 여기저기에 부딪히면서 또 다른 새로운 파문을 만들고 점점 증식해 나가는 것처럼 말이다.

반대로 말하자면 TFT는 이른바 'Win의 거듭제곱'을 낳는 상태를 만들었기 때문에 5년이라는 짧은 기간 내에 일본 최대 규모의 참여단체를 보유할 수 있었고, 나아가 국경을 넘어 해외로 확대될 수 있었던 것일지도 모른다.

Win의 거듭제곱을 만듦으로써 TFT는 국경을 넘어 사회에 큰 파장을 일으킬 수 있었다. 이는 다음과 같이 말할 수 있지 않을까? "Win의 거듭제곱을 만듦으로써 '기업'이 세계 각국으로 크게 뻗어나갈 수 있다"고 말이다.

비즈니스를 해외로 확장하기 위한
'파장'을 만든다

'Win의 거듭제곱'이라는 아이디어에는 다양한 가능성이 숨어 있다. 그 중 하나가 영리와 비영리라는 사업 형태와 관계없이 어디든 통용되는 관점을 가질 수 있다는 점이다. 이 관점이 앞으로 세계 각국으로 뻗어나가는 데 왜 중요한지 의아해하는 사람도 있을 것이다.

그에 대한 대답은, 사회가 떠안고 있는 과제를 해결하고 국경을 넘어 세상을 변혁하기 위한 '파장'을 낳는 것과 일반기업이 국경을 넘어서 세계 각국으로 사업을 확대해 나가는 것에는 놀랄 정도로 공통점이 많다는 것이다.

TFT를 통해 살펴본 Win의 거듭제곱으로 세계적인 파장을 만든 사례로 아이패드와 아이폰 등을 판매하는 '애플 Apple'을 생각해 보면 좋을 것 같다. 그들이 새로운 해외시장으로 진출할 때 애플의 사업 활동에 관련된 모든 사람들은 행복해 보인다. 그러면 그 나라에 팬이 늘고 실적에도 좋은 영향을 미치는 것은 명백한 사실이다.

그렇다면 어떻게 하면 Win을 늘려 나갈 수 있을까? 이 부분이 궁금할 것이다. 어떤 부분에 행복을 만들면 보다 많은 Win을 창출하는 환경을 갖출 수 있을까? 이제부터 Win의 거듭제곱을 창출하는 환경에 대해 나 나름대로의 틀을 이용해서 살펴보도록 하겠다.

Win의 거듭제곱을
실현하기 위한 '5C'

행복을 만들어야 하는
다섯 가지 영역이란?

TFT에 관련된 사람들과 관심을 가져주는 사람들은 말 그대로 남녀 노소를 불문하고 다양하다. 또한 이들은 연령과 성별뿐만이 아니라 회사원과 학생, 자영업자와 전업주부 등 사회적 역할도 각양각색이다. 그래서 어떤 틀을 적용해서 설명할 것인지를 생각하는 것은 매우 어려운 일이다.

따라서 나는 Win의 거듭제곱이라는 개념을 NPO만이 아니라 일반 기업과 바꿔서 생각하기 쉽도록 비즈니스 환경을 분석할 때 자주 활용되는 3C의 틀에 기초해서 설명해 보려 한다.

3C란 시장Customer, 경쟁Competitor, 기업Company의 앞 글자를 딴 것인데, 나는 여기에 약간의 발상의 전환을 더해 5C를 생각해 봤다.

❶ Company : 직원, 함께 일하는 동료

❷ Customer : 소비자, 고객

❸ Community : 사회, 진출국이나 지역

❹ Contributor : 투자자

❺ Cooperator : 제휴, 협력자

위의 5C가 구체적으로 무엇을 가리키는지, 왜 각각의 영역에서 Win을 만드는 것이 중요한지에 대해서는 뒤에서 자세하게 설명하겠다. 여기서는 5C를 통해서 TFT를 살펴봤을 때 어떤 사람들이 어디에 해당되는지 알아보자. (TFT에 맞춰서 설명하기 위해서 ❶, ❷, ❺, ❹, ❸의 순으로 설명하겠다.)

Company직원, 함께 일하는 동료에게 Win을 창출한다

언급할 필요도 없이 'Company'에 해당되는 사람은 나를 포함한

TFT를 구성하는 멤버들이다. 다만 '멤버'라고 할 때 TFT의 경우는 유급으로 일하는 멤버 외에 자원봉사자로 TFT의 업무를 돕는 사람들도 포함된다. 어떤 형태의 관계든 TFT에서 기술과 능력, 때로는 체력을 제공해 주는 사람들은 활기가 넘치고 즐겁게 일한다.

또한 TFT에 지시를 기다리는 사람은 아무도 없다. 자원봉사자든 인턴학생이든 모두가 주체적으로 자기가 '하고 싶었던 일'을 스스로 찾고 이끌어 나간다.

TFT에 어떤 사람들이 관련되어 있는지 구체적으로 소개하겠다. 우선 나를 포함한 사무국 멤버들이 있다. 이들은 월급을 받고 일하는 직원으로 TFT를 직장으로 선택한 사람들이다. TFT에 들어오기 전에 일반기업에서 활동했던 사람들로, 자화자찬이지만 '소수정예'라고 자랑스럽게 말할 수 있는 우수한 멤버들이다.

앞서 언급했듯이 NPO에 대한 일반인들의 이미지, 특히 경제적인 측면에서 이미지가 좋지 않은데도 불구하고 '하고 싶은 일이 여기에 있다'며 TFT로 달려와 준 그들은 TFT에서 일하는 사람들 중에서 어쩌면 가장 행복할지도 모르겠다.

그 다음 그룹은 사회인 자원봉사자들이다. 이들은 TFT 이외의 조직에 본업을 갖고 있다. 자신의 경험이나 기술을 TFT를 위해 쓰고 싶어서 모인 사람들로, 이들이 맡은 업무는 자료 입력에서 시스템 구축, 식사 메뉴에 대한 조언, 출판기획, 회계업무, 육체노동까지 다양하다. 물론 평소에는 본업이나 집안일로 바쁘게 지내는 사람들이기 때문에

TFT의 업무를 도와주는 시간대는 제각기 다르다. 회사원의 경우는 회사 업무가 다 끝난 이후 혹은 휴일에 일하고, 주부의 경우는 집안 일이 어느 정도 일단락된 평일 오후에 주로 일을 한다.

사회인 봉사자들 중에는 부탁한 일이 어떤 일이든지 상관없이 그것이 TFT의 목표인 '식량분배의 불균형을 없애자'로 이어진다는 관점을 갖고 참여해 주는 사람이 많다. 완성도를 머릿속에 그리면서 부품 생산을 담당하는 엔지니어와 같은 느낌이랄까? 이런 관점을 갖고 있기 때문에 그들은 보수가 없어도 열정적이고, 훌륭하고 멋진 활동을 보여준다.

TFT가 독자적으로 판매하던 제품으로 '박스 포 투Box For Two'라는 도시락이 있었다. 이 도시락은 원래 어느 기업에서 기획한 캠페인의 일환이었는데, 사회인 봉사자들이 그 기획을 듣고 '어차피 할 거라면 TFT의 독자적인 제품을 만들자'며 동료들을 설득해서 제안서를 만들었다. 그리고 사방팔방 뛰어다니며 제조업체를 찾아내서 제작까지 했다. 제조업체를 찾으려고 아주 먼 지방까지 간 적이 있다는 말을 들었을 때 나는 그들의 열정에 머리가 숙여질 정도였다.

또 다른 큰 그룹은 대학생들이다. TFT는 원래 비만이나 생활습관병으로 고민하는 사회인을 식당 프로그램의 참여 대상으로 삼았다. 그런데 일본에서 활동을 시작한 이후 기업 다음으로 문의가 많았던 곳은 대학이었다. 그리고 그 주체는 대부분 학교 측이 아니라 사회기여에 관심 있는 학생들이었다.

이렇게 학생들이 중심이 되어 식당 프로그램을 도입한 대학은 일본 전 지역에 상당히 많다. 지금은 각 대학에서 TFT를 응원하는 학생들이 모여서 대학연합을 설립했고 활발하게 활동하고 있다. 이들은 다양한 자선 이벤트를 기획하거나, 대학교 축제에서 TFT를 소개하거나, TFT의 응원단으로 멋진 활약을 보여주고 있는데, 신선하고 획기적인 발상과 행동에 사무국 멤버들이 도움을 받거나 배우는 일이 많다.

일례로 영양학을 전공하는 여대생이 중심이 되어 단기 '메이드카페'를 오픈한 적이 있었다. 일본어로 '사랑을 품다萌え·모에'와 '지방을 태우다燃え·모에'가 동음이의어인 것에 착안하여 '모에 카페MOE CAFE'라는 콘셉트를 생각해낸 것이다. TFT와 메이드카페를 연관시킨 발상은 유연한 사고를 지닌 대학생들만이 떠올릴 수 있는 아이디어였다. 사무국 멤버들은 모두 그들의 열정과 아이디어에 혀를 내두르며 감탄을 금치 못했다.

그리고 마지막으로 잊어서는 안 되는 사람들이 조직적으로 전문적인 서비스를 제공해 주는 이른바 프로보노Pro bono 활동을 하는 사람들이다. TFT에는 법률사무소나 광고 대리점, 인터넷 쇼핑몰 등의 기업이 무상으로 전문적인 서비스와 지식, 지혜를 제공해 주고 있다.

이처럼 TFT에는 다양한 사람들이 모여 즐겁게 일한다. 그들 사이에서 Win이 창출되고 있는 것이다. 하지만 TFT의 활동에 뜻을 같이하고 도와주고 싶은 사람이라면 누구나 참여한 날부터 활기차게 일할 수 있는가 하면, 사실 그렇지는 않다.

'기아를 없애고 싶다', '사회를 바꿔보고 싶다'는 생각을 갖고 TFT의 자원봉사자로 이름을 올렸지만 맡은 일이 사무 작업인 것을 알고서 실망하는 사람들도 있다. 또한 NPO의 업무 방식에 당황스러워 하는 사람들도 있다. 때문에 사무국 멤버들은 자원봉사자들이 맡게 되는 일이 TFT 전체에서 어떤 기능을 하는지, 왜 중요한지를 설명하고 자신이 사회에 기여하고 있다는 것을 체감할 수 있도록 아이디어를 짜내고 Win의 창출에 대해 항상 고민한다.

Customer 소비자, 고객에게
Win을 창출한다

흔히 'Customer'라고 하면 제공하는 제품이나 서비스를 구입하는 소비자와 고객을 떠올리는데, TFT의 경우는 기부금이나 후원을 받는 사람을 가리킨다. 제공되는 후원의 성과를 최대화해서 그들에게 Win을 창출할 수 있도록 TFT는 매일 좋은 아이디어를 짜내고 있다.

TFT에서는 20엔이라는 작은 돈으로 아프리카 어린이들에게 학교 급식을 제공한다. 이는 영양이 부족한 어린이들의 건강 상태를 개선하려는 본래의 목적 이외에도 다른 이점이 있다. 예를 들어 지원하는 마을의 아이들 대부분은 밭일이나 물 긷기, 장작 패기 등의 집안 일을 돕느라 학교에 다니지 못하는 상황이다. 우리에게는 당연시되는 초등교육조차 받지 못하고 생을 마감하는 사람도 많다.

하지만 급식이 제공되면 부모들은 아이에게 한 끼라도 배불리 먹이기 위해 아이를 학교에 보내려는 생각을 하게 된다. 그러면 아이들은 처음으로 교육을 받을 수 있게 된다. 단돈 20엔으로 영양 개선을 위한 '급식'과 빈곤 해결에 반드시 필요한 '교육'이라는 이점을 동시에 제공하는 것이다.

또한 TFT는 기부를 받는 사람만이 아니라 기부를 하는 사람도 'Customer'에 포함되는 특징이 있다. 앞서 설명했던 직원식당 프로그램을 떠올려 보자. 기부하는 사람 즉, 직원식당에서 식사를 하는 사람도 건강메뉴를 섭취함으로써 건강해지는 것이 목표라고 언급했다. 이는 기부하는 사람도 TFT 프로그램을 통해 '건강'해지는 지원을 받게 되는 셈이다.

이렇게 기부한 사람도 동시에 고객이 되는 모델은 NPO에서 매우 드물다. 하지만 후원국의 아프리카 어린이들은 물론, 선진국의 '고객'에게도 이익을 가져다주고 Win을 창출하는 것이 TFT다. 이는 TFT의 건강메뉴를 제공하는 기업과 단체가 꾸준히 증가하고 있는 것을 봐도 명확한 사실이다.

기업 비즈니스에서도 판매 상품이나 서비스를 통해 고객의 이익을 최대화하기 위해서 아이디어를 짜내는 것은 고객에게 상품이나 서비스를 선택받는 데 빠뜨릴 수 없는 프로세스다. 이는 NPO에서도 마찬가지다.

Cooperator제휴, 협력자에게
Win을 창출한다

'어? 경쟁자Competitor 아니었나?' 하고 생각하는 사람도 많을 것이다. TFT와 마찬가지로 식량 문제를 해결하기 위해 활동하는 NPO는 세계 각국에 상당히 많다. 일반기업의 개념으로 바꿔 말하자면 이들은 경쟁사와 같은 존재다.

하지만 우리 같은 비영리민간단체에서는 같은 뜻을 품은 '동료'라고 표현하는 것이 맞는 것 같다. 그래서 이 책에서 소개하는 5C의 개념에서는 경쟁자Competitor가 아니라 협력자Cooperator라는 표현을 사용한다. 사실 NPO는 동업자와의 협력을 통해 활동하는 경우가 꽤 많다. 자세한 것은 나중에 다시 설명하기로 하고, 우선 TFT가 어떻게 이 분야에서의 Win을 창출하고 있는지 소개하겠다.

우리는 다양한 프로그램을 통해 기부금을 모으고, 이 기부금으로 아프리카 어린이들에게 급식을 제공한다. 그렇다고 실제로 우리가 모은 기부금을 직접 들고 비행기를 타고 아프리카로 날아가 학교에서 급식을 만들어 어린이들에게 제공하는 것은 아니다.

그렇게 하려면 현지 직원을 채용하고 사무실을 빌려야 하기 때문에 새로운 인건비와 임대료 등 다양한 비용이 발생하게 된다. 애초부터 활동비가 적은 NPO에게 새로운 현지 멤버를 채용하고 하나에서 열까지 훈련시키기 위한 비용을 할애하는 일은 매우 어렵다. 그래서 우리는 이미 아프리카에서 마을을 형성하고 어린이들에게 음식을 제공하고 있는 다른 NPO나 NGO와 협력하여, 우리가 만든 기부금을 비용 측면에서 최대한으로 유용하게 활용할 수 있도록 노력하고 있다.

물론 '누구와 협력할 것인지'는 급식을 현지에 전달하는 데 매우 중요한 사안이기 때문에 협력을 맺기 전에 충분히 조사하고 상대 단체와 여러 번에 걸쳐 이야기를 나누는 교섭의 장을 갖는다. 이 과정에는 실제로 아프리카 지원 현장을 방문해서 현지 상황을 시찰하고, 이와 동시에 담당자와 직접 만나 TFT가 하고자 하는 일을 전달하고 이해시키는 일도 포함된다. 이렇게 서로의 뜻을 같이 하고 활동 범위가 보완적인 관계에 있다는 것을 확인하고 나면 비로소 협력을 맺는다.

협력한 뒤에 TFT의 기부금이 제대로 사용되고 있는지를 확인하는 것도 우리의 중요한 임무다. 통상적으로 분기에 한 번, TFT의 멤버가 현지를 시찰한다. 이때 TFT의 기부금을 통해 아프리카 어린이들이 맛있는 급식을 먹고 즐겁게 학교생활을 하는 것을 보는 것은 우리들에게 크나큰 기쁨이다. 또한 그런 광경은 현지에서 활동하는 NPO와 NGO에게도 기쁨이며 양자의 Win으로 이어진다.

또한 협력단체의 존재나 활동 모습이 TFT를 통해 보다 많은 사람들에게 알려지는 것도 큰 이점이 되고 있다. 예를 들어 르완다 사업으로 협력하고 있는 미국의 NPO '카게노Kageno'는 일본의 인터넷 마켓인 '오이식스Oisix'와 새로운 협업을 실현할 수 있었다. 우리의 활동이 그들에게도 Win을 창출하고 있는 것이다.

동종업계의 다른 회사라고 해서 반드시 시장을 점유하기 위해 경쟁을 벌여야 하는 상대로 볼 필요는 없다. 서로 보완적인 관계 혹은 서로에게 Win을 창출할 수 있는 시스템을 구축할 수 있다면 오히려 새로운 시장을 개척하는 동료 'Cooperator'가 될 수 있다.

Contributor투자자에게 Win을 창출한다

기업의 경우, 투자자라고 하면 제일 먼저 떠오르는 사람은 주주일 것이다. TFT와 같은 NPO에는 주식이 없기 때문에 주주라는 존재도 없다. 다만 이와 비슷한 의미로 NPO 활동을 위해 투자해 주는 두 개의 그룹이 있다.

하나는 이사회 멤버다. 일반기업에서 말하는 주주 이사회에 가깝다. 처음 TFT를 설립하기 위해 투자한 멤버들로 구성되고, TFT에 대한 애정이 깊은 사람들이다. 이사회 멤버들의 대부분이 항상 TFT 운영 업무에 관련되어 있는 것은 아니지만, 이들은 TFT의 활동이 목표를 향해 잘 실천되고 있는지를 정기적으로 점검하는 역할을 한다.

앞서 언급했듯이 NPO에는 주식이 없고 이를 대신할 금전적인 보수도 없다. 이들 멤버에게 Win이란 스스로 투자한 단체의 다양한 활동을 통해서 사회에 공헌하는 기쁨을 맛보는 것이다. 또한 이런 사업에 이사로 참여함으로써 사람들에게 '사회문제를 해결하기 위해 노력한 리더'로 인식되는 것이기도 하다.

또 다른 하나는 기업 또는 개인 기부자다. 앞서 언급했듯이 TFT에는 직원식당을 비롯한 다양한 프로그램이 있고 많은 사람들이 회사와 학교, 편의점, 레스토랑, 집에서 TFT 활동에 참여함으로써 기부라는 형태로 투자해 주고 있다.

기회가 있을 때마다 기업 식당을 방문해서 TFT 메뉴를 구매하는 사람들의 이야기를 듣는 것은 우리에게 매우 중요한 의미를 갖는다.

"20엔 정도면 매일 할 수 있어요."

"거창한 '기부'가 아니라서 좋아요."

"음식을 사먹는 것만으로 사회에 기여할 수 있다는 점이 기쁩니다."

이런 이야기를 듣는 것도 행복한 일이 아닐 수 없다. 사회문제에 대한 사람들의 높은 의식에는 언제나 놀랄 따름이다.

'Contributor'의 틀에서 Win을 창출하기 위한 가장 중요한 요소는 TFT의 활동 상황과 성과를 항상 기부자에게 공개하고 보고하는 것이다. 기부금이 어디에 사는 누구에게 얼마나 사용되었는지를 명확하게 보고하는 것은 기부자들의 마음속에 있는 '세상을 위해 일하고 싶다'는 생각에 투영되어 지원을 계속하고자 하는 마음의 원천이 된다.

그렇게 하기 위해서라도 아프리카 시찰은 중요하며 이를 바탕으로 TFT는 연간 리포트와 뉴스레터를 발행하고 인터넷에 영상을 올리고 보고회를 개최하는 등 다양한 형태로 기부자들에게 되도록 자주 정보를 공개하고 전달하고 있다.

이러한 사고방식은 극단적으로 말하면 '투자받은 주주에게는 이익을 남기고 배당이라는 형태로 Win을 창출하면 그만'이라는 일반 기업의 발상과 전혀 다른 것이다.

기업에서도 '우리 회사는 이렇게 해서 세상에 공헌을 한다. 올해의 성과는 이렇다'며 자세하게 공표하고, 이에 찬성하는 사람들이 주주가 된다면 단기적인 이익 추구가 아니라 보다 장기적인 관점에서 기업을 이끌어 나갈 수 있지 않을까? 사실 이런 경영 자세를 명확히 한 기업도 나타나기 시작했다.

Community 사회, 진출국가 및 지역에 Win을 창출한다

지금까지 서술한 네 가지의 'C'에서는 TFT 활동에 직접 참여하는 사람들에 대해 살펴봤다. 그런데 TFT 활동이 이 네 가지 틀에 국한되어서는 안 된다. '식량분배의 불균형'이라는 문제는 지구에 사는 모든 사람들이 해결해야 할 공통 과제다. 하지만 이 문제가 명확하게 인식되고 있느냐 하면, 예전에 비해 인식의 범위는 확대되고 있으나 문제의식을 가진 사람들은 제한적인 것이 현재 상황이다.

TFT 활동에 참여하느냐 참여하지 않느냐와 상관없이 이러한 현재 상황을 세계 각국의 사람들에게 인식시키는 것도 TFT의 사명 중 하나다. 그렇다고 세상 사람들에게 위기의식을 심어 주려는 것은 아니다. 음식도 석유나 물과 같이 유한한 자원이라는 것, 그리고 그것을 낭비하지 않기 위해 자신은 무엇을 할 수 있는지 생각해 보는 기회를 가졌으면 하는 바람을 전하려는 것이다.

그 결과 TFT의 활동에 참여해도 좋고, 참여하지 않아도 각자의 방식대로 행동에 옮기며 지금보다 건강한 인생을 보낼 수 있으면 좋겠다. 이것이 TFT 활동이 사회에 Win을 창출하는 것이다.

또한 우리는 지원국인 개발도상국에서도 직접적인 '고객'인 아이들만이 아니라 그들을 둘러싼 지역사회에도 Win을 창출하는 활동을 벌이고 있다. 예를 들어 아이들이 다니는 학교에 채소밭을 만드는 활동도 그 중 하나다.

급식 재료로 사용되는 채소를 재배하는 것이 일차적인 목적이지만, 밭일은 아이들의 가족 이외의 주민들에게도 도움을 받는다. 이를 통해 마을 전체가 학교에 다니는 아이들의 행복한 모습을 보고 교육의 소중함을 인식하고, 영양만점의 식사를 만들어야 하는 이유에 대해 깊이 이해하도록 한다. 이것이 마을 전체의 교육과 영양에 대한 이해도를 높이는 역할을 한다면 아이들만이 아니라 지역사회에도 Win이 창출되는 것이다.

이러한 개념을 기업에 대입해 보면 세계화 속에서 진출국을 단순한 시장으로 생각할 것인지 아니면 조금 넓은 시각에서 사회와 지역사회로 받아들여야 하는지에 대한 문제에 봉착하게 된다. 이럴 때는 단순히 기업의 제품이나 서비스를 판매하는 시장으로 간주할 게 아니라 제품과 서비스를 구입하고 이용하는 사람들의 생활의 질과 건강을 향상시키고, 어떻게 하면 그들을 행복하게 할 수 있을까를 생각했으면 한다. 그것이 바로 Community에 Win을 창출하는 일이다.

이것이 이 책에서 내가 전하고 싶은 5C의 기본적인 틀이다. 각각의 틀은 서로 겹치는 부분을 가지면서 유기적으로 연결되어 있다. 유기적인 관계 때문에 한 곳에서 Win이 발생하기 시작하면 다른 곳에서도 연쇄적으로 Win이 창출되기 쉽고, Win의 거듭제곱이 보다 쉽게 일어나는 것이다.

NPO란 어떤 조직이고
기업과 어떻게 다른가

NPO에 대한
두 가지의 큰 오해

　지금까지 살펴본 바와 같이 NPO도 사회문제 해결이라는 하나의 '비즈니스'를 운영하는 조직이라는 점에서 기업과 다르지 않다. 그렇다면 NPO란 어떤 단체이고 일반기업과 어떤 점이 다를까? TFT를 설립하고 나서 직접 경험한 것들을 포함해 짧게나마 설명하도록 하겠다.

　내가 TFT의 업무를 본업으로 삼기로 결심할 무렵에는 NPO라는 조직의 형태가 일본에 올바로 정착되지 못한 상황이었다. 영업을 하려고 명함을 내밀면 수상하다는 눈빛으로 쳐다보기 일쑤였고, NPO로 이직했다고 하자 지인에게 '지금까지 열심히 쌓아온 경력을 물거품으로 만들 작정이냐'는 걱정의 말을 들은 적도 있었다.

이런 반응을 본 나는 일본 사회에는 NPO에 대해 크게 나눠 두 가지의 오해가 존재한다는 것을 깨닫게 되었다. 하나는 'NPO는 어떤 일을 하는 조직인지 모르겠고 약간 이상한 단체 같다'는 견해다. 'NPO는 회계가 불명확해서 기금을 어떻게 사용하고 있는지 모른다', '일반기업과 달리 경영관리governance가 명확하지 않고 경영자 마음대로 하는 것이 아니냐'고 말하는 사람들이 설립 당초에는 꽤 많았다.

단언하건데, 이는 편견이다. NPO도 건전한 재무상황을 유지하는 것이 무엇보다 중요하고 회계보고의 의무가 있다. 무엇보다 내부조직이나 재무상황을 명료하게 정리해 두지 않으면 소중한 기부금을 맡긴 사람들에게 신뢰를 얻지 못한다. 이는 연말에 기업이 결산을 보고하는 것이나 연말보고서를 통해 재무와 경영상황을 세세하게 정리하는 것과 똑같다고 할 수 있다.

또 다른 오해는 '사회기여는 선의의 자원봉사여야 한다'는 견해다. 우리 사회에는 '선행은 숨어서 하는 것'이라는 생각이 뿌리 깊게 자리하고 있어서 이를 사업화해서 이익을 창출하는 것을 괘씸하게 생각하기도 한다. 물론 선행은 숨어서 하는 것이 미덕 중 하나이고 이를 부정할 생각은 없다.

하지만 TFT가 해결하고자 하는 큰 문제는 사회 전체에 영향을 미치는 즉, 변혁에 대한 움직임을 일으킬 필요가 있다. 국경을 넘어 세계 각국으로 파급시키기 위해서는 더욱 그렇다. 그러기 위해서 사회사업도 하나의 '사업'으로 삼고 전략적으로 활동해야 한다. 또한 이 '사업'을 운영하기 위해서는 일반기업이 필요로 하는 유능한 인재와 견주어도 손색이 없는 경영자나 직원이 필요하다. 그리고 전문적으로 일하려면 당연히 무상이 아니라 보수를 받고 일해야 한다.

하지만 이런 오해와 편견이 아직도 사회 저변에 깔려 있기 때문에 NPO에서 일하는 것을 경력을 쌓는 하나의 선택지로 생각하는 사람은 많지 않다. 그러기는커녕 오히려 우수한 인재를 채용할 수 없기 때문에 영향력이 큰 전략을 입안 및 실행할 수 없고 이익도 내기도 어렵다. 그 결과 NPO에 대한 이미지가 개선되지 않는 악순환에 빠지게 되는 경우도 적지 않다.

물론 NPO 측이 이미지 개선을 위한 노력을 게을리 한 면도 있다. 우리는 TFT 활동을 통해 NPO에 대한 오해와 편견을 조금이라도 없애고자 노력하고 있다.

새로운 등식
NPO≒일반기업

그렇다면 실제로 NPO를 설립하고 운영하는 것은 어떤 일일까? 결론부터 말하자면 NPO도 기업의 경우와 별다른 점이 없다. 설립을 신청할 때는 정관과 수익예산서, 사업계획서 등이 필요하고, 설립된 후에는 회계보고를 해야 한다. 또한 사업수입이 없으면 사무소 임대료와 인건비를 충당할 수 없으므로 적자에 허덕이다 도산하고 만다. 이 점도 기업과 다르지 않다.

기업과 유일하게 다른 점은 수입과 이익을 사용하는 방법이다. 일반기업은 계상된 이익을, 설비나 신규사업 투자 등을 위해 일부를 내부적으로 보류하는 경우도 있지만, 우선 주주와 투자자에게 배당한다. 그러나 NPO는 이런 이익 배당을 하지 않는다. 수입은 '미션'이라 불리는 각 NPO의 존재 목적을 위해서만 재투자된다.

경영 측면에서는 NPO와 일반기업이 더 많은 공통점을 가지고 있다. NPO의 수입은 대부분이 기부금이지만, 기부를 받으려면 당연히 사업내용을 사회에 알리고 인정받아야 한다. 그러기 위해서는 영업이나 마케팅 활동도 필요하고 이를 위한 경비도 있어야 한다.

즉, NPO는 기부금의 일부를 경비로 사용하는 경우가 많기 때문에 조금이라도 경비를 절약하려는 노력을 하고 있고, 이는 일반기업을 크게 능가한다.

이렇게 노력해도 경비가 수입보다 많아지면 NPO도 적자를 내고 적자가 지속되면 결국 사업을 중단하거나 조직을 해산할 수도 있다. 이렇게 되면 아무리 좋은 미션이리도 무의미한 것이 되고 만다.

기업의 상식에서 '좋은 제품과 서비스는 굳이 선전하지 않아도 잘 팔린다'는 것이 환상에 지나지 않듯이 NPO에서도 '사회기여를 위한 훌륭한 활동에는 굳이 알리지 않아도 기부금이 모이는’ 일은 일어나지 않는다. 미션에 따라 연간목표를 세우고, 이를 위한 활동과 노력을 세상에 알리기 위한 전략을 짜고, 그 전략에 따라 일상의 업무 계획을 세운다. 그리고 이를 실행에 옮길 수 있는 능력을 지닌 인재를 채용한다. NPO의 일상적인 경영은 기업의 그것과 별반 다르지 않다.

왜 지금
‘NPO’여야 하는가?

이렇게 설명하면 조직을 NPO로 설립할 필요성이 느껴지지 않을지도 모르겠다. 실제로 TFT를 설립할 무렵, 일본에서는 NPO에 대한 편견과 오해가 지배적이었기 때문에 NPO라고 말을 꺼내는 것이 오히려 불리할 것 같다는 생각이 들기도 했다.

NPO란 본래 특정의 누군가에게 이익이 되는 것이 아니라, 사회 전체 또는 시민의 생활을 보다 윤택하게 만드는 것을 목적으로 활동하는 단체다. 가능하면 더 많은 사람의 Win을 최대화하는 것이 NPO의 과제다. 그래서 이해관계에 얽매이지 않고 NPO 자신의 미션을 위해 가지고 있는 경영 자원을 집중할 수 있다.

미국에서는 대기업의 지원을 받는 로비 활동이 활발하게 이루어지고 있어 각 기업이 정치와 사회에도 큰 영향력을 행사하고 있다. 그 때문에 이런 국가에서 특정 기업과 이해관계를 맺지 않고 순수하게 사회를 위해 활동할 수 있는 NPO와 같은 조직 형태가 생겨나게 된 것이다.

이제 우리는 환경문제와 식량분배의 불균형 등 지금까지 경험하지 못했던 문제에 직면하고 있다. 이들 문제는 한두 나라에 국한되는 것이 아니라 세계 각국의 모든 사람들과 연관되어 있다. 그렇기 때문에 신속한 대응이 필요한 상황이다.

그러나 정부와 행정 부처의 대응은 거짓말로도 신속하다고 할 수 없다. 따라서 이런 분야에서야말로 NPO가 힘을 발휘해야 한다. '사회'라는 필드에서 정부도 기업도 잡아내지 못한 공을 잡아서 플레이하는 선수가 바로 NPO인 것이다.

이번 장에서는 TFT를 예로 들면서 Win의 거듭제곱을 창출하는 일이 국제공헌을 하는 조직을 만들 수 있다는 아이디어와, Win의 거듭제곱을 창출하기 위한 5C에 대해 살펴봤다.

다음 장에서는 5C에서 실제로 Win을 창출하려면 어떻게 해야 하는지 다룰 예정이다. 그런데 혹시 아직도 '아무리 봐도 역시 NPO에 대한 이야기 아닌가?' 하고 생각하는 사람이 있을지도 모르겠다.

그런 마음의 벽을 없애기 위해서 본론에 앞서 이야기를 하나 소개할까 한다. 글로벌화 속에서 고뇌하는 한 비즈니스맨의 이야기다. 물론 이는 실제로 존재하지 않는 가공의 회사와 관련된 이야기로, 픽션이다. 하지만 '이런 상황은 우리 회사에도 있을 법하다'고 느끼는 사람이 많을 것이다.

Win의 거듭제곱을 창출할 수 있다면 이런 상황은 얼마든지 바꿀 수 있다.

'쓰치다 농기계'의 글로벌 전략

"오늘도 사람들이 별로 오지 않았군."

마을회관에 나란히 놓인 의자에 드문드문 앉아 있는 사람들을 보면서 하시모토는 아침부터 한숨을 내쉬고 있다.

"우리도 할 만큼 다 했다고요. 그런데 이 마을 사람들에게는 별로인가 봐요."

옆에 서 있던 부하직원 이토가 지겹다는 표정으로 중얼거리자 다른 부하직원인 스즈키가 이토를 살짝 흘겨보면서 답답하다는 듯이 말을 받았다.

"할 만큼 다 했다는 일이 고작 본사의 지시를 따르는 것이니 뭐가 되겠어요? 새로운 시장에 진입하려면 발상의 전환이 필요합니다."

"둘 다 그만들 하게! 지금 우리는 할 수 있는 일은 다 했네. 일단 오늘 설명회를 두고 본 다음에 앞으로 어떻게 할 것인지 다시 한 번 생각해 보자고."

요즘 들어 무슨 일에든 서로 부딪치는 두 사람을 보면서 하시모토는 이곳으로 부임하고 얼마 지나지 않았을 때를 떠올렸다.

다시 마음속 깊은 곳에서 한숨이 흘러나왔다.

"하시모토, 이번에는 자네의 능력을 인도에서 한번 펼쳐보는 게 어떤가?"

오노 해외사업실장에게 이런 제안을 받은 것은 지금부터 딱 1년 전의 일이다.

하시모토가 근무하는 '쓰치다 농기계'는 대기업은 아니지만 착실하게 매출을 올리는 중견 농업기기 제조업체다. 주력 제품인 트랙터 '필드'는 일본은 물론 미국과 유럽에서도 높은 평가를 받아 전체 매출의 20퍼센트를 차지할 정도까지 성장했다. 또한 쓰치다 농기계는 '푸르른 자연과 행복이 넘치는 세상을 만들고 생명을 소중히 여긴다'는 이념에 따라 자사 제품을 개발도상국에 기부하고, 농업 발전을 위해 사회공헌 활동을 벌이는 등 투자처로도 인기가 높았다.

쓰치다 농기계에 엔지니어로 입사한 하시모토는 초기 몇 년 동안 연구개발부에서 일했다. 제품을 만드는 일은 즐거웠다. 하지만 자신이 만든 제품이 농가에서 어떻게 사용되고 있는지 직접 눈으로 확인하고,

농가의 바람을 제품 개선을 위한 아이디어로 바꿔서 개발부서에 전달하는 것이 자신의 역할이라는 판단 아래 입사 5년차에 큰 결심을 하고 영업직으로 자리를 옮겼다.

"자네 프랑스 진출 사업에서 큰 역할을 했더군. 영업의 중요한 부분과 농가의 고민을 잘 파악해서 그것을 기술적으로 어떻게 극복할 것인지 제안하다니 놀라웠네. 자네에 대한 평가가 아주 높았어. 그리고 그 일을 임원들도 기억하고 있었던지 이번에 인도 진출 사업의 적임자로 자네가 거론됐네."

오노 실장의 말에 하시모토는 프랑스에서 보냈던 날들을 흐뭇한 표정으로 떠올렸다. 그때도 영업부에서 일하고 있던 하시모토를 해외사업부로 발탁한 사람은 오노 실장이었다. 프랑스에서의 생활은 언어와 습관의 장벽이 높았고, 소박한 농가 사람들에게 제품의 장점을 설명하는 데 애를 먹기도 했다.

'하지만 일단 제품의 장점을 알게 되면 사람들은 신기하게도 하나둘 구매하기 시작했지……' 하며 감개무량한 표정으로 회상에 잠겨 있자 오노 실장이 말을 이어나갔다.

"우리 제품은 미국이나 유럽에서는 그러저럭 잘 팔리고 있지만, 자네도 알다시피 더 이상 큰 매출을 기대하기는 어렵다네. 게다가 앞으로 농업의 중심이 개발도상국으로 이전될 테니 우리도 재빨리 개발도상국으로 진출해야 살아남을 수 있다는 것이 윗분들의 생각이네.”

“네, 맞습니다. 그래서 저가 모델인 ‘필드 미니’를 개발하지 않았습니까. 이 제품이 개발도상국에서 팔리기 시작하면 또 한 번의 큰 성장을 이룰 수 있을 겁니다.”

하시모토는 작년에 개발된 필드 미니를 떠올렸다. 필드 미니는 주력 제품인 필드를 개량해서 소형화한 제품으로, 기능도 간단하고 가격도 3분의 2로 낮춘 저가 모델이다. 해외, 그것도 개발도상국의 저소득 농가를 타깃으로 사운을 걸고 개발한 전략적 상품이다.

“그래, 우리 제품은 중간 규모의 농가를 위한 제품이지. 그런 농가를 위한 제품은 개발도상국에서 좀처럼 채산성을 맞추기 어려워. 하지만 그렇기 때문에 나는 오히려 더 도전해 볼 만한 가치가 있다고 생각하네. 경쟁도 마찬가지야. 다른 기업들이 상황을 엿보고 있는 시기에 우리가 먼저 진출해서 성공을 거두면 시장을 선점할 수 있지. 그래서 진출할 국가를 몇 개국 검토해 봤는데, 우선 아시아에서는 인도에 가 보는 것이 좋겠다는 결론이 났네.”

오노 실장의 설명을 들은 하시모토는 자신의 어깨에 사운이 달렸다는 생각에 의욕에 불타올랐다. 회사에서 자신을 높게 평가하고 큰 기대를 걸고 있다는 생각에 흐뭇했고, 프랑스에서 성공했던 일도 떠올랐다.

멋지고 빛나는 성공을 다시 한 번 인도에서 경험해 보자는 마음에 하시모토는 내켜하지 않는 가족을 설득했다. 그리고 일단 가족은 일본에 남겨두고 혼자 인도로 부임하는 것으로 오노 실장의 제안을 받아들였다.

하시모토는 파견팀의 멤버로 뽑힌 두 명의 부하직원과 함께 사전 시장조사를 위해 몇 차례에 걸쳐 현지를 방문했다. 진출할 지역의 여러 마을과 마을 이장을 비롯한 농가 사람들에게 이야기를 들을 기회가 있었지만, 현지 언어의 문제와 짧은 체류기간 때문에 청취조사는 계획보다 짧게 진행했다.

하지만 자료조사 전문 회사를 통해 인도 시장의 경향과 가계 및 소득 수준에 대한 정보를 충분히 얻었고, 인도에 입국한 뒤에도 주민들과 대화를 나눌 기회는 얼마든지 있으니 괜찮다며 하시모토는 상황을 낙관적으로 바라봤다.

현지 정부 및 지역의 유력인사들과의 사전교섭을 거쳐 실제로 인도에 진출한 것은 그로부터 6개월이 지난 뒤였다.

"드디어 현지인들을 대상으로 제품을 판매할 수 있는 실전 기회가 왔군. 두 사람 모두 분발해 주게!"

하시모토는 구름 한 점 없는 인도의 파란 하늘을 등에 지고 서서 부하직원들을 독려했다.

"알겠습니다. 실험용 밭에서 실제로 필드 미니를 어떻게 사용하는지 보여주는 것은 제가 생각해낸 아이디어지만 참 기발한 것 같습니다. 일본에서도 직접 사용해 보고 싶다는 농가가 많았는데, 역시 백문이 불여일견이겠죠? 필드 미니로 무엇을 할 수 있는지 직접 눈으로 확인하면 분명히 구매 욕구가 생길 겁니다. 일본과 동일한 수준의 애프터서비스 그리고 부품 교환을 제공하는 것도 큰 호응을 얻을 거고요. 그게 저희가 내세울 전략이기도 하니까요."

이토의 표정과 목소리에는 자신감이 넘쳤다.

이토는 하시모토가 영업부에서 근무할 때 함께 일하던 부하직원이다. 농촌에서 자란 덕분에 섬세한 영업 노하우로 정평이 난 인물로, 그의 능력은 자타가 공인할 정도였다.

"그래, 영업부의 에이스가 그렇게 말하니 듬직하네! 스즈키 자네는 어떤가? 지금까지 마을 사람들과 대화를 나눠 온 보람이 있나?"

스즈키는 편하게 대할 수 있는 부하직원은 아니었지만, 대학 재학 시 미국에서 NPO 인턴으로 활동한 경험이 있었다. 개발도상국의 농가에 대한 지혜와 해외 경험이 좋은 평가를 얻어 통역 업무를 겸해 팀에 합류하게 되었다. 실제로 그는 자신의 경험을 살려 다양한 아이디어를 내줬다.

"소액대출을 이용한 점은 확실하게 농가에 먹힐 거라고 생각합니다. 요즘 마이크로 파이낸스microfinance(소액금융)가 유행하고 있고, 농가에서도 간단하게 융자를 받을 수 있게 된다면 기뻐할 겁니다. 그리고 마을 이장님의 말로는 돈을 벌려고 마을을 떠난 사람들이 마을로 돌아오지 않는 일이 많아져서 문제라고 합니다. 그러니 만일 필드 미니로 이모작이 가능해지면 돈을 벌려고 마을을 떠나지 않아도 되니 얼마나 좋습니까? 이 또한 마을 사람들에게는 희소식일 겁니다. 자, 힘을 내서 열심히 팔아 봅시다!"

첫 번째 설명회에는 많은 사람들이 몰려들었다. 이토의 설명에 마을의 남성들은 귀를 쫑긋 세웠고, 실제로 트랙터를 사용해 보고 싶다는 의견도 나왔다. 하시모토는 마을 이장과 함께 멀리서 설명회를 지켜봤다.

마을 이장의 얼굴에 화색이 돌았다. 그 모습에서 가능성을 직감한 하시모토가 먼저 말을 꺼냈다.

"마을 사람들이 기뻐하는군요. 저희 제품이 마을 사람들의 밭에서 사용될 수 있다면 더할 나위 없겠습니다. 이장님 생각은 어떠세요?"

마을 이장은 웃으며 대답했다.

"우리 마을에는 트랙터가 한 대밖에 없어서 서로 먼저 쓰려고 싸우는 상황이라네. 그러니 트랙터가 몇 대 더 생기면 좋지. 그런데 한 집에 한 대는 사정이 여의치 않으니 마을 사람들이 힘을 모아 한 대 정도 더 사면 지금보다 상황은 훨씬 나아질 게야. 이모작이 가능한 것도 참 좋구먼!"

하시모토는 '마을 전체에 한 대'라는 말이 마음에 걸렸다. 첫 해에 적자를 기록할 것은 미리 각오한 일이었지만, 이렇게 열심히 영업활동을 했는데 트랙터를 한 대밖에 팔지 못한다면 사태가 심각하기 때문이다.

마을 사람들에게 신망이 높은 이장을 잘 설득하면 구매자가 늘어날 것이 분명하니 어떻게든 이장의 힘을 빌려야 한다고 생각한 하시모토는 이장의 말을 물고 늘어졌다.

"그렇죠. 이장님, 이 모델은 저희 회사에서 가격을 최대한 낮춘 제품이고 대출을 끼고 살 수 있도록 배려했어요. 애프터서비스도 일본과 동일한 수준으로 제공하죠. 그러니 마을 사람들 각자가 이 제품을 사용하게 된다면 생활이 훨씬 더 편리해질 겁니다."

"그럼 나도 마을 사람들의 반응을 좀 들어보겠네. 잘 알겠지만 우리 마을은 일본 정부의 도움으로 전기를 쓰고 있다네. 그래서 다들 일본을 가까운 이웃이라고 생각하지. 그리고 가능하면 일본 제품을 사고 싶어 하고……."

이장은 웃으면서 대답했지만 말끝을 흐렸다.

하시모토는 뭔가 석연치 않은 기분을 느꼈다. 하지만 이장의 말을 들어보니 일본에 대한 인상이 나쁘지 않고, 무엇보다 트랙터를 바라보는 마을 사람들의 행복한 미소가 그를 낙관론 쪽에 서게 했다.

그러나 설명회가 회를 거듭할수록 모이는 사람의 수는 계속 줄어들었다. 이장의 협조를 얻어 하시모토와 이토, 스즈키는 설명회 전날에 농가를 직접 방문하고, 길을 가다 주민들을 만나면 적극적으로 참석을

권유했다. 모두들 그 자리에서는 미소를 지으며 알겠다고 했지만 설명회에 찾아오는 사람의 수는 줄어들 뿐이었다.

실험용 밭에 심은 작물이 무럭무럭 자라서 푸른 잎이 무성해진 것과 달리 하시모토와 이토, 스즈키는 우울한 기분에 잠겨 점점 의욕을 잃어가고 있었다.

"결국 이렇게 된 거라니까요, 나오코 누님! 우리 제품을 농가에서 써주기만 하면 수확량도 늘고, 현금도 더 많이 들어오고, 마을 사람들이 마을을 떠나는 일도 막을 수 있는데! 그야말로 일석삼조가 따로 없는데! 뭐가 잘못된 거죠?"

술에 살짝 취한 스즈키가 테이블을 '탁' 하고 치면서 뽀로통한 얼굴로 입을 실룩거렸다.

앞에 앉아 있던 여자는 검게 탄 얼굴에 하얀 이를 시원스럽게 드러내며 웃었다.

"물론 이상적으로는 그렇지. 쓰치다 농기계가 하려는 사업은 참 좋아. 하지만 아무리 가격이 싸더라도 이곳 사람들에게는 감당하기 힘든 금액이야. 마을 전체가 한 대 정도 구입하는 것이 적당한 수준이라고."

그녀는 마치 아이를 타이르듯이 말했다.

나오코는 일본 NPO에서 파견되어 이곳에서 농업 기술을 지도한 지 5년 정도 되었다. 스즈키는 자신이 하고 싶었던 일을 하고 있는 나오코와 현지 주재원 친목회를 통해 만나게 되었다. 스즈키는 나오코를 자기 멋대로 '누님'이라고 부르면서 업무적인 이야기뿐만 아니라 개인적인 고민까지 상담하곤 했다.

"그래서 소액대출도 준비했고 오래 쓸 수 있도록 애프터서비스도 일본 국내 수준으로 제공할 생각이에요. 이 마을에는 일본에 대해 좋게 생각하는 사람도 많고, 이렇게 세세한 부분까지 지원하면 그들의 신뢰를 저버리지 않고 도움을 줄 수 있다고 생각한 거죠. 여기서 생활한 지 오래된 나오코 누님도 그렇게 생각하죠?"

"스즈키, 나를 상대로 영업하지 않아도 돼."

나오코의 날카로운 한마디에 스즈키는 순간 기운이 쭉 빠졌다.

"그러게요. 저도 뭐가 뭔지 모르겠지만, 회사의 영업 방식에 위화감이 들어요. 분명히 맞는 일이긴 한데, 왜 사람들이 모이지 않는 걸까요? 물론 현지인들에게 가격이 비싸기는 하지만 대출을 끼면 못 살 정도는 아니거든요. 한 집에 한 대는 어쩌면 무리일지 모른다는 생각이 들기는 하지만, 마을 하나에 트랙터를 한 대만 팔아서는 저희도 곤란하거든요. 만일 저희가 여기서 철수한다면 상황을 지켜보던 다른 회사들도 진출하지 않을 테고, 그러면 상황을 개선할 수 있는 기회는 점점 더 늦어질 거예요. 역시 기업이 이익을 올리면서 사회에 기여하는 일은 불가능한가 봐요. 이런 일은 누님이 소속된 NPO에서 하는 편이 나은 건지…….”

이야기가 길어질수록 점점 부정적으로 변해가는 스즈키를 보며 나오코가 쓴웃음을 지었다.

“스즈키, 너무 그렇게 극단적으로 생각하지 마. 너희 회사에서 하려는 사업은 좋아. 내가 아까 말했잖아. 다만 방법을 조금 바꿔야 하지 않을까 싶어.”

나오코는 잠시 생각에 잠겼다가 다시 말을 이어나갔다.

“제품 가격이 대출을 이용해도 이 마을 사람들에게는 높다는 거 스즈키도 느꼈지? 물론 마음만 먹으면 살 수 있을지 몰라. 하지만 만약 작황이 나빠서 대출금을 갚지 못하면 마을 사람들은 오히려 빚더미에 올라앉게 돼. 만약에 쓰치다 농기계에서 대출을 제공한다면 이런 리스크에 대해서도 생각해 봐야 해.”

“당연히 그 부분에 대해서는 우리도 생각하고 있어요. 그런 상황은 일본에서도 마찬가지니까요.”

스즈키가 정색을 하자 나오코가 다시 침착하게 말을 이어나갔다.

“알겠어, 알겠다고. 그럼 예를 들어 한 집에 한 대를 팔았다고 치자. 모든 트랙터를 가동시키는 데 필요한 연료는 어떻게 감당할 건데? 이곳에서는 석유 판매상이 고물 트럭에 석유통을 싣고 마을을 돌아다니지. 일본처럼 가까운 곳에 주유소가 있는 것도 아니고, 자동차도 없는 농가에서 멀리 있는 주유소까지 어떻게 가겠니? 분명히 연료 부족 사태가 벌어지고 말 거야. 그럼에도 불구하고 만약에 트랙터를 가동시켜 이모작을 하고 수확량이 늘었다고 치자. 그럼 그 많은 수확물은 어떻게 팔 건데? 자동차도 없고 도로 사정도 나쁜 이곳에서 어떻게? 수확물을 유통시키기도 전에 아마 다 썩어 버리고 말걸!”

“그럼 작물을 곡물처럼 저장할 수 있는 것으로 바꾸면…….”

스즈키의 기가 점점 꺾였다.

“하지만 이곳 사람들은 보수적이라 새로운 작물을 받아들이는 데 거부감이 많아. 설령 받아들인다고 해도 종자를 어디서 어떻게 조달할 건데? 그리고 애프터서비스를 일본 국내 수준으로 해주겠다고 했는데, 그건 수리기술 전문가를 한 명 정도 이곳에 상주시킨다는 뜻이야? 아니면 전화나 인터넷을 이용해서 연락을 취한다는 거야? 만일 후자라면 이곳 사람들은 귀찮아서 그런 일은 분명히 꺼릴 거야.”

나오코가 조목조목 반박하며 말을 이어나가자 스즈키는 기가 꺾여 풀이 죽고 말았다.

“역시 기업이 사회문제를 해결하는 것은 불가능한 일인가 봐요. 그런 일은 누님이 일하고 있는 NPO나 NGO의 영역인 것 같아요.”

결국 스즈키는 토라지고 말았다.

“어머, 내가 말이 너무 심했나 보네! 하지만 내가 하려던 말은 기업의 일방적인 생각을 강요해서는 일이 잘 풀리지 않는다는 거야. 사실 그렇게 진출해서 실패한 기업은 많아. 스즈키네 회사 사람들도 여기 오기 전에 시장조사를 충분히 했다고 하지만, 실제로 내가 지금 지적한 농가의 현실에 대해서는 생각하지 못했다는 거잖아. 아까도 말했지만 쓰치다 농기계가 하려는 사업은 참 좋아. 그렇지만 좀 더 이곳 사람들의 입장에서 최선의 길을 모색해 보는 게 좋을 것 같아. 찾아보면 그들에게도 도움이 되고 기업에게도 이익이 생기는 그런 방법이 꼭 있을 거야. 필요하다면 다른 기업과 협력하는 것도 좋지 않을까? 여기서 오래 지낸 만큼 아는 사람이 많으니까 필요하다면 내가 사람들을 소개해 줄게."

신랄한 내용이었지만 나오코의 말투에서 자상함이 묻어났다. 그녀
도 이곳에 파견되어 농업기술을 지도한 지 벌써 5년이 넘는다. 그렇게
보낸 시간 속에서 여러 기업과 사람들이 머물다 가는 것을 보면서 답
답한 마음이 들었던 것은 그녀도 마찬가지였다.

"오늘도 몇 명 없군."

마을회관을 둘러보고 나온 하시모토는 또 다시 한숨만 내쉬었다.
결국 이날도 매매계약은 성사되지 않았다.

하시모토는 부하직원들 앞이었지만 이미 마음이 약해진 것을 감추
지 못했다.

"이토, 자네 말대로 우린 할 만큼 다 했네. 사전조사도 충분했고. 상
사가 이런 얘기 하는 거 좀 우습지만, 자네들은 이 상황을 타개하기 위
한 좋은 방법이 없나? 어떻게 했으면 좋겠나?"

하시모토의 질문에 스즈키는 기다렸다는 듯이 나오코에게 지적받
은 사항들을 조목조목 전했다.

"저도 그런 지적을 받고 나서야 발상을 전환해야 한다고 생각했습

니다. 하지만 구체적으로 뭘 어떻게 하면 좋겠냐고 물으시면 그건 아직 모르겠어요. 다시 한 번 농가를 조사하려 해도 시간적인 면이나 비용적인 면에서 힘들고, 도로를 조성하는 일은 우리 회사와 전혀 다른 분야의 일이고……. 앵무새처럼 전달하기만 해서 죄송합니다.”

하시모토는 스즈키의 이야기를 듣고 머리를 한 대 세게 얻어맞은 것 같은 기분이 들었다. 프랑스의 경우도 똑같은 해외 진출 사업이었지만 그곳에서는 큰 성공을 거뒀다. 프랑스는 높은 경제 수준과 인프라를 갖춘 나라이기 때문에 가능했던 것을 머리로는 알고 있었다. 하지만 나오코가 지적한 부분까지 미처 생각하지 못했던 자신이 부끄럽게 느껴졌고 분하기까지 했다. 창피해 할 때가 아니라고 생각을 고쳐먹은 하시모토는 부하직원들을 바라봤다.

“나오코와 스즈키의 말이 맞네. 발상의 전환을 꾀해서 체제를 바꿔야 해. 물론 우리에게 주어진 시간은 별로 없네. 그러니 여러 사람에게 협력을 구하고 일을 좀 더 빠른 속도로 진행해보자고. 처음 이곳에 왔을 때 주재원 친목회에 나갔었지? 그때 NPO와 이곳에 진출한 회사 담당자들과 꽤 많은 양의 명함을 교환했지? 그 명함이 계기가 될지도 모르네. 어쩌면 도움이 될 만한 인물을 찾을 수 있을지도 몰라.”

하시모토가 확신에 찬 말투로 말하자 조용했던 이토도 입을 열었다.

"저도 스즈키의 이야기를 듣고 생각해 봤습니다. 제가 왜 이 회사에 들어왔는지에 대해서요. 우리 회사는 제품을 만들어 판매할 뿐만 아니라 '생명을 소중히 여기는 회사'예요. 물론 우리의 이념을 마치 회사 전체의 이념인 것처럼 말한 부분도 있지만요. 기업으로서 매출을 올려야 하는 것은 당연해요. 하지만 이와 동시에 진정한 의미에서 고객과 마을 사람들을 행복하게 해야 한다는 것도 새삼 깨닫게 됐어요."

"유능한 영업맨인 이토 자네가 그런 말을 하다니 의외로군. 하지만 나도 자네와 같은 생각을 하던 참이네. 한시라도 빨리 방법을 바꿔서 마을 사람들 모두에게 도움이 되는 비즈니스를 펼쳐 보자고."

표정이 점점 밝아지는 부하직원들의 얼굴을 보며 하시모토는 앞으로 해야 할 일을 생각했다. 그리고 새로운 투지가 불타오르는 것을 느꼈다.

주변의 상황 설정을 통해 생각하라

'BOP Base of Pyramid'라 불리는 개발도상국 시장이 주목을 받기 시작한 지 이미 상당한 시간이 흘렀다. 하지만 아직도 새로운 진출국으로 개발도상국을 선택하는 기업은 끊이지 않고 있다.

‘쓰치다 농기계’의 이야기에 등장한 인물들의 고민은 당신에게도 결코 남의 일 같지 않은 현실일 것이다. 어쩌면 ‘어? 이건 우리 회사에서도 듣던 이야기인데!’라고 생각하는 사람도 있을 것이다.

실제로 그들이 직면한 상황(전략적으로 옳은 일이지만 일이 잘 풀리지 않는 상황)은 맥킨지에서 자주 의뢰받았던 상담 내용이고, 컨설턴트로 근무할 당시 나의 고민거리, 그리고 지금도 아프리카 등의 국가에서 자주 목격되는 광경을 사례로 정리한 것이다,

이 책에서 다룰 Win의 거듭제곱은 결코 NPO에만 국한된 개념이 아니다. 첫 해외 진출국에서 처음 만나는 고객과 파트너를 상대로 비즈니스를 해야 하는 기업에게도 필요한 개념이다.

그렇다면 Win의 거듭제곱을 실현하기 위한 5C란 구체적으로 무엇을 가리키고, 어떻게 하면 각각의 틀에서 Win을 창출하고 점차 확대시켜 거듭제곱의 현상을 만들어 나갈 수 있을까? 다음 장부터 자세하게 설명하도록 하겠다. 또한 각장의 말미에 칼럼을 덧붙여 각장에서 배운 관점에 기초하여 ‘쓰치다 농기계’에 대해 되짚어 보고자 한다. 어떻게 하면 하시모토와 그의 부하직원들이 Win을 창출할 수 있을지 생각하면서 이 책을 읽어나가길 바란다.

1

Company

함께 일하는 동료에게
Win을 창출한다

– '누군가에게 도움이 되고 있다'는 생각이 일로 이어지는가

우선 함께 일하는
'동료'를 행복하게

당신은 지금의 일을
즐기고 있는가?

사업을 해외로 확장시켜 성공을 얻기 위해서 Win의 거듭제곱을 창출한다. 구체적으로 5C의 각 영역에서 Win을 창출해 내는 개념은 앞에서 소개했다. 이제부터는 5C의 각 요소를 좀 더 상세하게 살펴보도록 하자.

첫 번째는 바로 '기업'에 Win을 창출하는 것이다. 좀 더 구체적으로 말하자면 함께 일하는 동료를 행복하게 만들기 위해서 무엇을 염두에 두어야 하는지 생각해 보려 한다.

당신은 어떤가? 지금 하고 있는 자신의 일을 즐기고 있는가? 매일 아침에 일어나 직장으로 향하는 동안 마음이 두근두근 떨리는가? 유감스럽게도 자신 있게 '그렇다'고 말할 수 있는 사람이 많지 않은 것이 현실일지 모른다.

그렇다면 어떤 요소가 충족되면 일이 즐겁고 보람을 느낄 수 있을까? 높은 연봉? 개인 사무실? 회사의 훌륭한 제품? 물론 이런 요소들도 중요하다. 하지만 가장 중요한 것은 과연 무엇일까?

소박할지 모르겠지만 나는 자신의 일을 통해 타인을 행복하게 하고, 기쁨을 주고, 도움을 준다는 기분과 성취감을 얻을 수 있는 것이 아닐까 한다.

어느 여론조사에서 '평소에 사회의 일원으로서 뭔가 사회에 도움이 되었으면 좋겠다고 생각하는가?'라는 사회기여 의식에 관한 질문을 했다고 한다. 결과는 '사회에 도움이 되고 싶다'고 대답한 사람이 한창 일할 나이인 20대와 30대에서 각각 70퍼센트에 가까운 비율을 보였다고 한다.

한편 '도움이 되고 싶다'고 대답한 사람들 중에 '어떻게 실천해 나갈 것인가?'라는 질문에 '자신의 직업을 통해서'라고 대답한 사람의 비율은 25퍼센트에 지나지 않았다고 한다.

이는 뒤집어 말하면 개개인이 자신이 하는 일이 타인 혹은 사회에 도움이 된다고 느끼지 못하고 있음을 나타낸다. 또한 기업이 '타인에게 도움이 되고 싶다'는 직원의 욕구를 충족시키지 못하고 있다고도 볼 수 있다.

아무리 우수한 인재가 조직에 있어도 그 사람의 일하려는 동기가 낮고 보람을 느끼면서 일에 전념하지 못한다면 생산성 저하와 비용 낭비를 초래한다는 사실은 많은 사람이 공감하는 부분일 것이다. 반대로 자신의 일이 '누군가에게 도움이 되고 있다', '타인을 행복하게 만든다'고 직접 느끼고 의욕이 불타오를 때 사람은 놀랄 만큼 엄청난 능력을 발휘한다.

'무엇을 위해 일하는지' 발견하는 순간 사람은 달라진다

내가 맥킨지 앤드 컴퍼니에서 경영 컨설턴트로 근무했을 당시, 한 의약품 기업의 영업MR ; Medical Representative(의약품 영업) 조직 개혁을 맡았을 때의 일이다. 그 기업은 M&A로 규모를 크게 키워 제품의 영역을 넓혔지만 결과적으로 MR에 대한 전문지식의 질이 떨어지게 되었다. 본래는 의사들의 상담역으로 활동했던 MR이 단순히 주문을 받으러 다니는 입장으로 전락하게 된 것이다. 또한 의사들이 하는 말을 듣기만 하는 작업환경은 MR의 사기를 저하시키는 결과로 이어졌다.

그래서 나는 제품 영역마다 MR을 몇 개의 팀으로 나눌 것을 제안했다. 이는 전문지식을 익히기 쉽게 함으로써 의사들의 신뢰를 다시

회복할 수 있게 했다. 그리고 '의사들에게 도움이 되고 있다'는 보람이 MR의 사기를 진작시켜 성과 향상으로 이어지기 시작했다.

이때의 경험 그리고 그 뒤 NPO에서 쌓은 경험을 통해 나는 이렇게 단언할 수 있다. 조직의 내부에 있는 사람들이 일을 통해 행복해지는 것은 기업과 NPO를 불문하고 어떤 조직이든 성공의 열쇠가 되는 중요한 요소라고 말이다.

'일을 통해 행복해지는 사람은 누구일까?'라는 생각을 할 때 내 머릿속에 가장 먼저 떠오르는 사람이 두 명 있다. 한 명은 TFT 홍콩팀의 대표를 맡고 있는 여성, 그리고 또 한 명은 TFT의 협력처 중 르완다의 빈곤문제 해결을 위해 열심히 활동 중인 뉴욕 소재의 NPO 카게노에서 근무하고 있는 여성이다. 이 두 여성은 일류대학을 졸업하고 기업을 거쳐 현재 NPO에서 일하고 있는데, 항상 의욕이 넘치고 잠자는 시간까지 아끼며 열심히 활동하고 있다. 그렇다고 그녀들의 삶이 피폐한가 하면 절대로 그렇지 않다. 오히려 생기가 넘치고 밝은 표정으로 일을 즐긴다.

이는 앞서 언급했던 자료의 '타인에게 도움이 되고 싶다'는 마음이 성공의 열쇠가 된 것이 틀림없다.

이번 장에서는 NPO에서 근무하는 사람들 중에 행복한 사람이 많다는 점에서 힌트를 얻어 함께 일하는 동료에게 Win을 창출하려면 어떻게 하면 좋을지에 대해 이야기하고자 한다.

동료에게 Win을
창출하기 위한 세 가지 조건

NPO에서 일하는 사람들은
어떤 사람들인가?

NPO라고 해서 그곳에서 일하는 사람들은 모두 '선의의 자원봉사자'라고 생각해서는 안 된다. 오히려 NPO는 일반기업에 비해 투입되는 인건비가 적은 경우가 많기 때문에 자연스럽게 소수정예의 조직을 지향한다. 일반기업이 필요로 하는 것과 동일한 수준의 능력과 비즈니스 스킬을 갖추고 정직원으로 근무할 수 있는 우수한 인재가 반드시 필요하다.

그렇다면 실제로 NPO에서 근무하는 사람들은 어떤 사람들이고,

어떤 방식으로 일하는지에 대해 살펴보자.

취직이나 이직을 할 때 '그 회사의 제품이나 서비스가 좋다'는 이유에서 특정 회사를 선택하는 경우가 있다. 마찬가지로 NPO를 선택하는 사람들도 그 조직의 미션에 대한 공감, 특정한 사회문제를 해결하려는 사명감, 그 단체가 사회에 미치는 영향 등이 이유가 되는 경우가 많다. 앞서 언급했던 '타인을 돕고 싶다'는 마음과 연결되는 부분이다.

직장을 옮기는 것처럼 급여가 판단의 기준이 되는 경우는 NPO에서는 찾아보기 어렵다. 일본의 경우, NPO의 연평균수입은 270만 엔 정도다(일반기업 연평균 수입의 40~60%). 결과적으로 NPO에서 경력을 쌓으려는 사람은 처우보다 사회에 대한 사명감이나 일 자체에 대한 의욕과 의지가 강하다고 할 수 있다.

반대로 말하자면 이런 강력한 의지 없이 NPO 일도 '직업의 하나'로 명확하게 구분지어 받아들이려는 사람에게는 근무하기 어려운 환경이다.

실제로 시중의 대형 은행에서 근무하다가 농업을 지원하는 NPO로 이직한 20대 여성 N의 이야기를 들어보자.

그녀는 자신을 움직인 원동력에 대해 다음과 같이 이야기했다.

"빈곤이나 분쟁 같은 인재人災로 사람이 목숨을 잃는 것은 불공평합니다. 그렇기 때문에 우리는 인재로 목숨을 잃는 사람이 없는 세상을 만들어야 해요."

그녀는 대학 때부터 이런 생각에 이끌려 분쟁해결 연구에 몰두했다. 은행을 선택한 것은 '사회의 혈액'이라 불리는 돈의 흐름을 통해서 사회구조를 파악하고, '혈류가 잘 흐르도록' 해서 보다 나은 사회를 만드는 데 기여하고 싶었기 때문이다.

하지만 그녀가 맡게 된 법인영업의 현장업무는 예상과 전혀 달랐다. 그녀가 발령받은 지점은 은행 내부에서도 가장 많은 이익을 내는 곳으로, 그 중에서도 법인영업은 인기 부서였다.

그러나 주요고객인 대기업은 경영상태가 안정적이기 때문에 융자도 절박한 이유에서가 아니라 '은행과의 관계 유지' 때문에 하는 경우가 많았다. 이런 고객들과 거래하면서 그녀의 마음속에서는 몇 가지 의문이 일었다.

'이 돈을 활용할 수 있는 다른 방법은 없을까?'

'살아 숨 쉬는 유용한 돈을 다루는 곳에서 일해야 하는 건 아닐까?'

물론 대기업이 아니면 경험하지 못할 일들도 있었고, 실제로 '한 국가의 GDPGross Domestic Product(국내총생산)를 넘는 수준의 시가총액'을 보유한 은행의 영향력을 직접 목격한 적도 있었다.

하지만 그녀는 '자신이 하는 일이 사회에 미치는 영향'을 좀처럼 실감할 수 없었다. 매일 업무를 마치고 집으로 돌아갈 때마다 '나는 누구를 위해 일을 하는가? 타인을 위해 혹은 사회를 위해 한 일이 있는가?'라고 자문했다. 그리고 일은 물론, 자기 자신조차 싫어지는 나날을 보냈다.

결국 그녀는 처우가 좋은 은행을 떠나 아프리카 농민들에게 농업기술을 지도하는 NPO를 선택했다.

현재 그녀는 NPO에서 프로젝트 파이낸스project finance(특정 프로젝트가 창출하는 가치를 담보로 자금을 조달하는 일)와 조성금 신청 등 조직의 자금과 관련된 모든 일을 맡고 있다.

"우리가 지원하는 프로그램을 통해 자급자족 생활을 겨우 유지해 왔던 농가가 생산성을 높여 현금 수입을 올리고, 눈에 보일 정도로 생활이 개선되고 있어요. 제가 그런 일을 돕고 있다고 생각하면 정말로 기쁩니다."

그녀는 돈을 유용하게 활용하는 기쁨, 그리고 '0'에서 '1'을 창출하는 기쁨을 직접 느끼면서 행복하게 일하고 있다.

일하는 사람에게 Win을 창출하기 위한
세 가지 조건

N의 사례에서도 알 수 있듯이 나는 NPO에서 일하는 사람들에게 크게 세 가지의 특징이 있다고 생각한다.

첫 번째는 자신이 하는 일의 범위를 크게 갖고 싶다고 생각하는 점이다. N의 경우, 은행에서 맡았던 업무상의 역할은 기존 고객에게 기존의 서비스를 제공하는 일이었다. 하지만 그녀는 그렇게 정형화된 일만으로는 만족할 수 없었다. 은행의 본래 역할로 되돌아가, 가령 리스크가 크더라도 정말로 필요한 고객에게, 전례는 없지만 필요한 서비스를 스스로 만들어서 제공하고 싶다고 생각했다. 상품개발에서 마케팅, 나아가 영업에 이르기까지 모든 일의 흐름을 혼자 해보고 싶다고 생각한 것이다.

두 번째는 자신이 하는 일의 영향력을 직접 느낄 수 있는 현장에 있고 싶다고 생각하는 점이다. 기업에서 일하면 직접 고객과 접하는 일이 아닌 이상 자신이 만든 제품이나 서비스가 고객에게 어떻게 사용되고 있는지, 어떻게 그들의 생활을 바꾸고 있는지 직접 보기 어렵다.

그러나 NPO의 경우, 기부금이 어떻게 사용되고 어떻게 사회를 바꾸는지를 그곳에서 일하는 한 사람 한 사람이 눈으로 목격하고 피부로 느끼지 않으면 기부금을 최대한 유용하게 활용할 수 없다. 즉, NPO에서는 자신의 일이 만드는 효과를 매일 체험할 수 있다.

그리고 이는 자신의 생각이나 꿈이 실현되는 것을 직접 눈으로 목격하는 일이기도 하다. 자신이 관여한 일을 통해 타인을 돕는, '이렇게 됐으면 좋겠다'고 바라는 세상에 더 가까이 다가갈 수 있다. 이를 통해 그들 자신도 행복해진다.

세 번째는 미지의 세계에서 도전정신이 더 많이 필요한 일을 하고 싶다고 생각한다는 점이다. 환경문제나 빈곤문제, 식량 불균형 등의 사회문제를 해결하려는 노력은 어느 국가의 누구도 아직 경험해 보지 못한 시도다. 이런 분야에 과감하게 달려들기 위해서는 당연히 도전정신이 필요하다.

다만 여기서 말하는 도전정신이란 단순히 뭔가를 하려는 마음가짐을 뜻하는 것만은 아니다. 사회문제는 해결해야 비로소 의미가 있고, NPO의 세계로 들어온 대부분의 사람들은 N처럼 사회문제를 해결하고자 하는 '마음'이 강하다. 해결의 실마리가 보이지 않는 도전은 그들에게 의미가 없다.

따라서 그들이 가진 '도전정신'은 혼돈스러운 상황 속에서 진정으로 해결해야 하는 문제가 무엇인지 파악하는 힘, 그리고 그것을 해결하는 능력이 한 쌍을 이루고 있다.

여기까지 세 가지의 특징을 NPO의 관점에서 설명했는데, 이를 비즈니스의 관점으로 바꿔 간단히 설명하자면 이렇게 표현할 수 있다.

첫 번째, 숲을 보는 감각을 갖고 일에 임한다.
두 번째, 누군가에게 도움이 되고 있다고 직접 느낀다.
세 번째, 스스로 과제를 발견하고 해결하는 능력을 발휘한다.

그렇다면 실제로 NPO에서는 이 세 가지의 특징을 어떻게 충족시키고 있는지 구체적으로 살펴보도록 하자.

❶ 숲을 보는 감각을 갖고 일에 임한다

숲을 보는 감각을 갖고 일하는 데 보람을 느끼는 인재가 많은 것이 바로 NPO에서 일하는 사람들의 특징이다. 그런 사람들은 어떤 방식으로 일할까?

결론부터 말하자면 NPO는 그곳에서 일하는 모든 사람이 기업가entrepreneur이고, 가치를 창조하는 사람Value Creator이 되길 바란다. 이는 기업가가 벤처사업을 시작할 때 사업계획 수립에서 제품 및 서비스 설계, 마케팅과 영업에 이르기까지 모든 업무를 맡아야 하는 것과 동일하다.

'모든 아이들에게 우수한 교육을 받을 기회를 제공한다'를 목적으로 활동하는 '티칭 포 아메리카TFA ; Teaching For America'라는 NPO가 미국에 있다. 미국은 소득에 따른 교육 격차가 심각하고, 이것이 저소득 지역의 실업률과 범죄 발생률에 큰 영향을 미치고 있다. 저소득 지역에 사는 대부분의 사람들은 유색인종이나 소수인종이기 때문에 이런 교육의 격차는 결과적으로 인종 간의 장벽과 차별을 낳는 온상이 되고 있다.

이 문제를 해결하기 위해서 TFA에서는 대학을 막 졸업한 우수한 젊은이들을 모집해 교육 수준이 낮은 지역에 교사로 2년간 파견하고 있다. 이 프로그램을 통해 TFA는 미국 내의 교육 격차를 없애고 미국 전역의 교육 수준을 높임으로써 장래를 짊어질 아이들의 능력을 향상시키고, 나아가 미국의 국력을 높이는 것을 목표로 삼고 있다.

그럼 TFA에서 파견되어 아이들을 가르치는 개개인의 교사들에 대해 알아보자.

TFA에서 파견한 멤버들은 교사로서 수업 내용을 아이들에게 이해시키고 성적을 향상시켜야 한다. 이는 그들이 달성해야 할 과제 중 하나다. 그렇지만 그들이 해야 할 일은 이것만이 아니다. 아이들이 학교에 나오지 않으면 아무것도 할 수 없으므로 결석이 잦은 아이들이 학교에 나올 수 있도록 돕는 것도 과제 중 하나다(아이들에게 모닝콜을 하는 교사도 있다고 한다). 이런 활동은 일반기업에서 말하는 '영업'에 해당된다.

또한 학교에 나와도 배우려는 의욕이 낮으면 수업 내용을 이해할 수 없으므로 수업 내용 이외에 아이들의 의욕을 끌어낼 수 있는 계기를 마련하는 것도 중요하다. 바로 '마케팅'에 해당되는 일이다.

그리고 보호자와 지역 전체가 학습 환경을 만드는 데 협력적이어야 지속적으로 활동을 유지할 수 있으므로 그들에게 교육의 중요성을 설명하고 협력을 구해야 한다. 이는 '주주에 대한 대처'에 해당된다. 또한 학교 전체의 교육 수준을 높이기 위해서는 동료 교사와 힘을 합치거나 다른 학군의 사례를 본받을 필요가 있다.

이처럼 파견된 교사들의 업무는 '교실에서 수업을 진행한다'에 그치지 않는다. '모든 아이들에게 수준 높은 교육을 받을 수 있는 기회를 제공하는 것'을 목표로 이를 달성하기 위해 필요한 모든 것들을 스스로 판단하고 실행에 옮겨야 한다.

즉, 교사 한 명 한 명이 1인 기업처럼 움직여야 한다. 실제로 TFA에서는 교사로서 해야 할 바람직한 활동 방법을 '리더십으로서의 교육 Teaching as Leadership'이라는 행동 규범으로 정리해 놓고 있다.

1인 다역의 올라운드 플레이가
가슴을 뛰게 한다

그렇다면 이렇게 한 사람이 여러 가지 일을 해야 하는 '멀티태스킹multitasking(동시에 여러 가지 일을 하는 능력)'에는 어떤 이점이 있을까? TFA 프로그램을 경험한 한 남성은 이렇게 말했다.

"멀티태스킹은 일에 생동감을 불어넣고, 교사로서 부가가치를 창출하는 일로 이어집니다. 그 결과, 자신의 일이 학생들의 성공이라는 형태로 결실을 맺는 것을 볼 수 있죠. 이는 매우 기쁜 일이고 보람을 느끼게 합니다. 그리고 일의 성과를 눈으로 직접 확인함으로써 이를 바탕으로 향후의 업무 방식을 개선할 수도 있죠."

멀티태스킹으로 일할 수 있는 환경을 조직이 마련해 주기 때문에 직원들은 숲을 보는 감각을 가질 수 있고, 그 결과 자신의 일이 누군가에게 도움이 되고 있다는 것을 직접 느끼고 의욕이 높아진다. 일하려는 의욕이 높으면 직원들은 자신의 능력을 최대한으로 발휘하고 더 많은 가치 창출을 지향한다.

이러한 TFA의 활동을 따라가 보면 '조직'과 '직원' 사이에 'Win'이 차례로 창출되는 상태가 형성되어 있음을 알 수 있다.

직장인들은 직장에서의 자신을 표현할 때 '조직의 부속품'이라는 말을 자주 사용한다. 그리고 이런 표현을 언급할 때 이들은 자조적인 뉘앙스를 풍긴다. 이는 누구라도 전체적인 것이 보이지 않는 상황에서 당장 눈앞의 일을 '처리'하는 것을 싫어한다는 것을 암시한다. 이런 업무 방식으로는 성취감이나 보람을 느낄 수 없고 의욕도 생기지 않을 것이다.

그렇다면 TFA에서 일하는 젊은이들은 어떨까? 조직의 부속품처럼 일하는 방식과 전혀 다를 것임은 불을 보듯 뻔한 사실이다. 프로젝트에 관련된 다양한 일을 숲을 보는 감각을 갖고 진행할 수 있다면 또한 어떤 방식으로 일을 진행할 것인지도 자신에게 모두 맡겨진다면 아마도 일하고 싶은 의욕에 가슴이 벅차오를 것이다.

일을 맡게 되었다는 기쁨은 일에 대한 헌신commitment과 동기 motivation로 이어진다.

본래 NPO가 이런 업무 방식을 추구해 온 데는 비용적인 문제가 있었다. NPO는 인건비 등의 조직 운영에 필요한 비용을 가능한 한 줄이고, 수입의 많은 부분을 미션 달성을 위한 사업 혹은 프로젝트에 투자하는 것을 목표로 삼는다. 그렇기 때문에 자연히 직원 수가 적은 '소수 정예형'의 조직이 될 수밖에 없고, 극단적인 표현을 빌리자면 기업에서 말하는 간접 부문에 해당하는 부분에 대해 전업 멤버를 가질 여유가 없는 곳도 많다. 그리고 실제로 활동하는 멤버에게는 조금이라도 본업에 기여하는 근무 방식, 이른바 '올라운드 플레이 All-round play체제'가 요구된다.

자세히 말하자면 NPO는 대부분 작은 조직이기 때문에 어떤 일을 전업으로 할 멤버가 없다. 전원이 영업맨이자 마케터이자 크리에이터이고 프로젝트 관리자가 되어야 한다. 자신의 일을 창조하면서 자율적으로 일해야 하는 것이다.

'올라운드 플레이 체제'에 따라 멀티태스킹으로 일한다. 원해서 그렇게 된 것은 아니지만 결과적으로 그런 식의 업무 방식이 멤버의 조직에 대한 헌신과 일에 대한 의욕을 더욱 높이는 선순환을 낳고 있다.

> ### 리더십으로서의 교육 Teaching as Leadership
>
> ❶ 큰 목표를 세운다.
>
> ❷ 목적을 갖고 계획한다.
>
> ❸ 효율적으로 행동한다.
>
> ❹ 학생들과 그의 가족 및 영향을 미치는 사람들이 큰 목표를 위해 열심히 노력하도록 한다.
>
> ❺ 효과를 계속 추구해 나간다.
>
> ❻ 꾸준히 노력한다.
>
> — 웬디 콥 『Teaching as Leadership』

❷ 누군가에게 도움이 되고 있다고 직접 느낀다

다음으로는 누군가에게 도움이 되고 있다고 직접 느끼는 것이다.

이는 세 가지 특징 중에서 가장 이해하기 쉬울 것이다.

일반 직장생활보다 NPO를 선택한 사람들은 앞에서 살펴본 N의 사례처럼 다니던 회사에 의문을 품고 일반기업에서 이직한 사람들이 대부분이고, 보다 나은 사회를 만드는 일뿐만 아니라 개인적인 사명으로 느끼는 경우가 많다. 그래서 그들에게 비즈니스의 성공이란 큰 이익을 창출하는 데 국한되지 않고, 일을 통해서 세상을 보다 나은 곳으로 만드는 데 있다.

때문에 그들은 업무 현장에서도 개인이나 조직, 눈앞의 이익만 따라 움직이지 않고 자신의 확고한 신념과 사명감을 중심으로 이를 실현하고자 하는 높은 의욕을 갖고 일하는 것 같다. 또한 눈앞의 이익에 얽매이지 않는 자세는 첫 번째로 언급했던 '숲을 보는 감각' 또는 '대국적인 관점'을 갖고 일에 전념하는 데 도움이 되기도 한다.

❸ 스스로 과제를 발견하고 해결하는 능력을 발휘한다

마지막으로는 스스로 과제를 설정하고 해결하는 능력이다. 사실 나는 이런 능력은 앞에서 살펴본 두 가지의 특징이 충족되어야 비로소 길러진다고 생각한다. 왜냐하면 자신이 일하는 분야에서 어떤 일이 일어날지에 대한 전반적인 사항을 파악하면서, 한편으로 자신의 '신념'을 실현하는 즉, 달성해야 힐 목표 이미지를 갖고 있다면 현실과의 격차(=과제)가 어디에 있는지 감지하는 능력이 민감해질 것이기 때문이다.

또한 타인에게 도움이 된다는 것을 직접 느끼면서 일하면 의욕이 불타올라 누구나 자신의 능력을 최대한으로 발휘하게 된다. 이는 앞서 제약회사의 사례를 통해서도 언급했다. 의욕의 정도가 과제해결 능력으로 직결된다고는 할 수 없지만, 전문적으로 익힌 과제해결 능력을 풀가동시키는 촉진제가 되는 것은 확실하다. 즉, 전반적인 사항을 파악하면서 일하는 것은 '과제발견' 능력을, 누군가에게 도움이 되고 있다고 생각하면서 일하는 것은 '과제해결' 능력을 키워준다.

이 세 가지 특징은 처음부터 동시에 갖출 수 있는 조건이나 능력이 아니라 단계적으로 개발해 나가는 것일지도 모른다. 과제발견이나 문제해결능력을 길러 나가면 더 큰 규모의 일에 도전할 수 있고 '타인이나 사회를 돕고 있다'는 것을 더 크게 느끼고 성취감을 얻을 수 있다.

N의 경우를 보면 이 세 가지 요소가 선순환을 만들어 상호작용을 함으로써 Win을 차례로 창출하는 업무 방식을 가능케 했다는 것을 알 수 있다.

세 가지 조건이
Win의 거듭제곱으로 이어진 순간

이 세 가지 조건이 충족되어 Win을 창출하는 것은 일하는 개개인에게만 국한되지 않는다. 동료와 고용주인 조직에도 Win을 가져다줄 수 있다. 바로 'Win의 거듭제곱'이라는 연쇄반응이 일어나는 것이다.

이것이 나만의 개인적인 생각이 아니라는 사실은 최근에 미국과 유럽 등에서 일반기업이 NPO에서 일했던 사람들을 선호하는 사례를 통해서도 엿볼 수 있다.

앞서 언급했던 TFA의 사례를 살펴보자. 미국의 「비즈니스 위크 Business Week」가 실시한 조사 가운데 '대학생이 선택한 인기 직장 순위'가 있다. 2007년의 순위 조사에서 입사하고 싶은 곳으로 인기가 많았던 델로이트 토마스(1위), 구글(5위), GE(12위) 등과 같은 글로벌 기업이 입사 지원자들에게 바로 입사하는 대신에 TFA 프로그램에 2년간 참여할 것을 조건으로 한 채용 프로그램을 내놓고 있다. 또한 대기업 투자 은행인 JP모간J.P.Morgan의 경우 입사 지원자들에게 급여를 지불해 TFA 프로그램에 참여하는 동안의 비용으로 충당하는 등 다양한 사례가 나타나고 있다. 이러한 연유로 TFA는 '인기 직장 순위'에서 다른 대기업들을 제치고 10위 안에 올라 있다.

왜 기업들은 TFA에 입사 예정자를 보내려고 하는 것일까? 해답은 방금 전에 언급했던 '신념', '스킬', '숲을 보는 감각' 등의 세 가지 조건을 충족하는 인재를 기업들도 원하고 있기 때문이 아닐까?

GE의 한 임원은 이와 같은 상황에 대해 정확하게 파악하고 있다.

"GE 같은 기업과 TFA 같은 NPO에서 원하는 인재상에는 공통점이 있다. 즉, 다양한 상황에서 대국적인 관점을 갖고 리더십을 발휘할 수 있는 인재다."

TFA 프로그램에 교사로 참여했던 한 남성은 이렇게 말한다.

"TFA의 경험은 취업 활동을 할 때 확실하게 긍정적으로 작용합니다. 하지만 그것이 비즈니스 스킬을 TFA에서 익혔기 때문만은 아니에요. 오히려 TFA가 바로잡으려 했던 교육 격차라는 사회문제에 대해 높은 의식을 갖고 힘든 임무를 수행했다는 점을 평가해야 합니다."

그렇다면 지금 우리는 어떤가? 앞에서도 언급했지만 NPO에서 일했던 인재가 일반기업으로 이직하는 사례는 아직 적은 것이 현실이다. 그러나 수많은 기업이 해외 사업에 박차를 가하고 있는 가운데 이 세 가지 조건을 모두 갖춘 인재야말로 기업이 가장 필요로 하는 인재가 아닐까 싶다.

숲을 보는 감각 즉, 글로벌 시야를 갖추고 새로운 시장의 고객을 위해 열정적으로 일에 전념한다. 그리고 국가와 조직의 벽을 넘어 효율적인 과제설정과 문제해결을 수행하면서 역동적으로 활동한다. 무척 매력적으로 보이지 않는가?

'신념'과 '스킬', '숲을 보는 감각'을
모두 갖춘 인재는 강하다

TFA의 사례에는 또 다른 힌트가 있다. 멀티태스킹 방식이 요구되기 때문에 업무를 효율적으로 추진하기 위한 비즈니스 스킬이 반드시 필요하다는 점이다. TFA의 한 졸업생은 다음과 같이 말한다.

"논리적인 사고와 커뮤니케이션, 시간 관리 등의 스킬이 필요합니다."

과제해결에 이런 스킬이 필요한 것은 말할 필요도 없을 것이다.

그럼 뛰어난 비즈니스 스킬만 있으면 NPO에서 큰 성과를 올릴 수 있을까? 대답은 '그렇지 않다'이다. 자신의 일이 '누구에게 도움이 되고 있는지', '무엇을 위한 것인지'와 같은 미션에 대한 강한 신념이 없다면 주변의 찬성과 협력을 얻을 수 없고 좋은 결과도 낼 수 없다.

즉, 앞서 언급한 세 가지 조건의 밑바탕을 이루는 것은 '신념'과 '스킬'이라는 두 개의 바퀴라는 점이다. 그리고 이 두 가지가 갖춰졌을 때 인간은 점점 앞으로 나갈 힘을 얻을 수 있다. 또한 이 두 바퀴가 잘 갖춰져 있어도 자신이 어디에 있고 어디를 향해 가고 있는지를 파악할 수 있는, 숲을 보는 감각이 없다면 미션은 달성하기 어렵다.

자동차에 비유했을 때 신념과 스킬이 자동차의 타이어라면 숲을 보는 감각은 목적지까지 길을 안내하는 '내비게이션'이라고 할 수 있다. 그리고 앞으로 나아가는 과정에서 보람을 느끼고 그것이 더 큰 추진력을 창출하게 된다.

'신념'과 '스킬'에
'내비게이션' 더하기

신념과 스킬이라는 두 바퀴가 있으면 일하려는 의욕과 생산성이 높은 '업무방식'을 유지할 수 있다. 지금까지 'NPO에서 일한 사람'과 같은 표현으로 설명해 온 '유능한 인재'의 조건은 NPO에만 해당되지 않는다.

제품이나 서비스 또는 기업의 존재 의의에 대한 강한 신념이 조직에 대한 애착을 낳고, 스킬을 활용해 성과로 이어나가면서 달성해야 할 목표에 가까이 다가선다. 이 과정에서 보람을 느끼고 행복해지면 그것이 조직이나 일에 대한 신념을 더욱 강하게 만든다. 이렇게 해서 일하는 개인에게 Win을 창출할 수 있다면 조직에도 실적 향상이라는 Win을 가져다줄 수 있다. 이러한 Win의 거듭제곱을 낳는 메커니즘을 살펴보면 NPO나 기업이나 다르지 않다는 것을 알 수 있다.

다만 Win의 거듭제곱을 창출하려고 할 때 어려운 것은, 일하는 사람에게 신념과 스킬에 더해 내비게이션을 갖추게 하는 일이다. 분업이 발달한 오늘날의 기업에서는 의외로 어려운 일일지도 모른다. 그럼 어떻게 하면 '내비게이션이 장착된 자동차'가 될 수 있을까?

이런 생각을 하다 보니 디즈니랜드에서 일하는 사람들이 떠오른다. 그들은 항상 즐겁게 일하고 자사 브랜드를 사랑한다. 자신의 일이 '디즈니랜드에서의 즐거운 경험'이라는 완성품을 고객에게 서비스하는 데 기여하고, 고객에게 큰 기쁨이 된다는 사실을 명확히 알고 있기 때문이다. 이는 디즈니랜드에서 청소를 하는 직원, 고객을 놀이기구로 안내하는 직원 등 업무를 막론하고 모든 직원에게 해당되는 일이다.

그렇다면 어떻게 그들은 자신의 일에 숙련된 기술을 가진 프로이면서 눈앞의 일을 처리하는 '부속품'이 되지 않고 자사 브랜드를 사랑할 수 있는 것일까? 도쿄 디즈니랜드를 운영하고 있는 '오리엔탈랜드The Oriental Land Company'는 직원 연수와 현장 교육에서 '일하는 직원 한 사람 한 사람이 디즈니랜드의 얼굴'이라는 것을 정규직원과 아르바이트 직원 등을 포함한 모든 직원들에게 숙지시킨다고 한다. 직원은 디즈니랜드에서의 즐거운 경험을 연출하는 '캐스터'이고, 아무리 사소해 보이는 일이라도 고객 만족은 직원의 행동에 달려 있다는 것을 철저히 이해시키고 있는 것이다.

여기에 내비게이션을 장착하기 위한 열쇠가 있다. 중요한 것은 자신이 맡은 일이 브랜드 전체에 얼마만큼의 영향을 미치는지를 전체적으로 보는 것이고, 보여주는 것이다.

- 당신의 일은 우리 회사 제품을 만드는 데 반드시 필요한 부분이다.
- 당신이 관여해서 완성한 제품은 고객을 기쁘게 만든다.
- 그 제품은 당신이 만나는 '누군가'에게 도움이 된다.

이렇게 설명하는 것만으로 제품이나 서비스에 대한 책임감이 훨씬 더 강해지고, 일에 대한 기대감도 생기게 된다.

신념과 스킬의 두 바퀴를 갖춘 인재는 매우 중요하고, NPO에서도 기업에서도 그 가치는 동일하다. 다만 MBA와 같은 경영기술을 배우는 직장인들이 늘고 있는 것을 보면 기업에서는 이제까지 스킬 개발을 더욱 중시해 왔던 모양이다. 하지만 신념을 키움으로써 보다 유능한 인재를 육성할 수 있다. 또한 그런 인재를 육성하면 기업 내부에 열정적으로 일하는 직원들이 늘어나고 외부의 우수한 인재를 끌어 모으는 계기가 된다.

그 전형적인 예가 바로 구글이라는 회사다. 얼마 전에 미국으로 출장 갔을 때 구글 본사를 견학했는데 직원들이 하나같이 즐겁게 일하고 있었다. 그리고 구글의 채용 기준은 매우 높은 것으로 유명한데도 '구글에서 일하고 싶다', '구글에서 일하면서 사회에 흔적을 남기고 싶다'는 신념을 가진 사람들이 끊이지 않고 있다.

이러한 선순환이 막힘없이 잘 돌기 시작할 때 비로소 조직 내의 Win의 거듭제곱도 시작된다.

'사외' 멤버들의
열정과 의욕

내가 대표로 근무하고 있는 TFT의 구성 멤버에는 두 종류의 그룹이 있다. 정규직 직원과 평소에는 각자 본업이 있는 이른바 '사외' 멤버다. TFT에는 후자가 전자의 10배 정도 된다. 지금까지 전자 즉, 사내에서 일하는 동료에 대해 살펴봤으니 이제 후자를 어떻게 활용해야 하는지 생각해 보사.

원래 Company란 '회사'만이 아니라 '동료'를 의미하는 영어 단어다. 어원은 라틴어의 'com(함께)'과 'pani(빵)'라는 두 단어로 구성된 합

성어라고 할 수 있다. 한국어 표현의 '한솥밥을 먹는다'와 같은 뜻이다. 이렇게 생각해 보면 직원만이 조직의 멤버라고 정의할 수 없고, 급여를 지불하는 것만이 사람을 붙잡아 두는 원천이 되는 것도 아님을 알 수 있다.

실제로 TFT에서는 자원봉사자들이 적극적으로 TFT의 사업에 관여하고, 그들이 비즈니스 아이디어를 내놓는 경우도 많다. 앞에서 소개했던 모에 카페가 그의 가장 좋은 사례다. 그들을 보고 느끼는 것은 신념을 공유할 수 있다면 회사 밖의 사람이라도 내비게이션을 달아 주어야 하며, 이를 통해 그들은 놀랄 만큼 강한 의욕을 갖고 일에 참여하고 조직과 동료가 성장해 나가는 데 추진력이 되어 준다는 점이다.

TFT가 해결하고자 하는 미션과 미션을 위한 행동이 실제로 어떤 형태로 제공되고 어떤 사람들을 행복하게 만드는지를 아우르는, 숲을 보는 감각을 공유한다면 'TFT에 참여해 Win을 창출하고 싶은' 사람은 사회인이든 학생이든 국적을 불문하고 TFT를 찾아올 것이다.

아이디오의 성공은
개방화에 있다

기업의 경우는 어떨까? 제조 기술이나 사양 등의 사내 기밀 정보가 많은 기업 현장에는 외부인을 쉽게 투입하기 어렵다. 하지만 나는 조직을 개방하지 않는 데서 오는 불이익도 있다고 생각한다.

첨단기술을 기반으로 한 소프트웨어를 예로 들어보자. 타사에서 모방할 수 없는 독자적인 기술을 갖추는 것은 좋다. 하지만 독자적인 노선을 걷는 동안 경쟁사 제품이 대량생산을 시작하고 비용 절감을 꾀해서 경쟁사의 기술이 표준화되어 버린다면? 이렇게 되면 아무리 우수한 기술을 보유하고 있어도 그 가치를 제대로 평가받지 못한 채 끝나 버리고 만다.

이와 반대로 기술을 개방하면 어떨까? 소프트웨어의 세계에서 기술의 오픈 소스화는 그 가치를 널리 인정받는 부분으로, 오픈 소스로 이익을 창출하는 기업까지 나타나고 있다.

소스 코드를 무상으로 제공하고 신청제 기업용 서포터로 이익을 올리는 '레드햇 redhat'이라는 미국 기업은 오픈 소스 전문 기업으로는 처음으로 10억 달러 이상의 매출을 달성했다. 이는 사업 개방화를 두려워할 필요가 없다는 것을 증명하는 하나의 증거이기도 하다.

'회사 밖의 사람들을 참여시킨다'도 이와 동일하다. '미션과 활동에 공감이 생겨서 나도 뭔가 협력하고 싶다'는 사람들이 NPO로 모이듯이 기업에도 '이 회사의 브랜드가 좋으니까 보다 좋은 제품을 만드는 데 힘을 보태고 싶다'는 사람들이 있게 마련이다.

미국에 '아이디오IDEO'라는 세계적으로 유명한 디자인 컨설팅 회사가 있다. 아이디오는 일반기업이라면 절대로 외부에 공개하지 않을 창조 프로세스나 그를 위한 도구까지 블로그에 과감하게 공개한다. 블로그에 달리는 코멘트를 보면 블로그 접속자들이 질문이나 새로운 아이디어를 던지기 때문에 그것이 또 다른 창조의 확장을 예감하게 한다.

객관적인 관점이
가지고 있는 강점

또한 사외 사람들에게는 조직에 속한 사람들에게 없는 강점이 있다. 그것은 바로 '인사이더'가 아니라는 점이다. '당연한 것 아니냐'고 생각할지도 모르겠다. 하지만 사람은 똑같은 환경에서 오랜 시간을 보내게 되면 뭔가에 얽매이게 되고, '조직의 논리'라는 명목 하에 생각과 발상의 폭이 좁아지는 일이 종종 있다. TFT의 업무 방법에 대해 자원봉사자에게 "왜 그런 식으로 하는 거죠?"라는 질문을 받고 깜짝 놀랄 때가 지금도 종종 있다.

사외 사람들을 참여시키는 일은 이러한 사내 논리에 얽매여 딱딱하게 굳어진 머리를 푸는 역할을 하기도 한다. 이해관계가 없는 객관적인 입장에서 제안하는 사심 없는 발상은 인사이더 집단에서는 쉽게 나올 수 없다.

실제로 기업 중에는 일반인들에게 제품 아이디어를 공모하는 이벤트를 개최하는 곳도 있다. 문구용품 제조회사인 일본의 코쿠요 KOKUYO가 개최하는 '코쿠요 디자인 어워드'가 그런 사례 중 하나다.

2002년부터 매년 다른 주제로 제품 디자인을 공모하는 이 이벤트는 지금까지도 제품 디자이너의 등용문으로 주목받고 있고, 수상작이 상품화되어 대박을 터트린 경우도 있다.

하지만 기업에서 '회사 밖의 지혜'를 활용하는 방법은 아직 매우 제한적이다. 외부 사람들이 사무실에 출입하는 것조차 엄격하게 금하고 있는 기업이 대부분이다 보니 사외 사람들을 기업의 중요한 전력으로 받아들이는 데는 한계가 있는 것처럼 보인다.

NPO에서는 외부의 힘이 절대적으로 필요하다. TFT에서는 경리 업무와 법무 관련 업무를 전문가들이 프로보노 형태로 맡아 주고 있다. 이런 업무는 사업을 운영하는 데 반드시 필요한 기능이지만 전문성이 매우 높은 분야라서 이를 도맡아 줄 사람을 고용하기란 여간 어려운 일이 아니다. 따라서 NPO에게 '회사 밖의 지혜'는 반드시 필요한 요소이고, 이런 사람들이 얼마나 귀중한 자산(인적 자원)인지를 TFT는 체험을 통해 잘 알고 있다.

프로보노가
주목받는 이유

사회인들이 자발적으로 전문 기술을 무상으로 제공하는 '프로보노'라는 개념이 세계적으로 서서히 확대되고 있다.

이제까지는 사회에 기여하고 싶은 사회인들은 미션이나 목표에 공감한 NPO나 단체에 문의해서 어떤 역할이라도 좋다며 그 활동에 참여하는 자원봉사자가 되곤 했다. 이들은 신념을 행동으로 옮겼다는 점에서 매우 훌륭한 첫발을 내딛었다고 할 수 있다.

하지만 기왕 사회인으로서 습득한 스킬이 있다면 그것을 활용해서 재능기부 등을 하는 것은 매우 바람직한 일이다. NPO도 기업과 마찬가지로 사업을 경영하는 단체이므로 NPO가 필요로 하는 기능은 기업과 거의 동일하다.

따라서 사외 사람들이 자신의 전문 분야의 능력을 발휘해 주는 것은 프로보노를 실행하는 쪽에게도, 그것을 받는 쪽에게도 최선의 선택이 될 것이다. 프로보노가 주목을 받고, 이를 지향하는 재능기부가 늘어나고 있는 것은 NPO로서는 참으로 반가운 일인 셈이다.

기업에서도 이런 '회사 밖의 지혜'의 가치를 재인식하고, 좀 더 적극적으로 그리고 전략적으로 활용하는 것을 고려해 보는 것이 어떨까?

일방적인 관계로
끝나지 않기 위해

이렇게 '회사 밖의 지혜'를 활용하고, 나아가 그들이 행복하게 참여할 수 있도록 하기 위해 우리 같은 NPO가 항상 조심하는 부분이 하나 있다. 반드시 어떤 형태로든 그들에게 보상을 하는 것이다. 표현이 좀 그렇지만 '대가'를 반드시 제공한다.

아무리 '신념'에 깊이 공감하고 선의를 갖고 협력해 준 사람일지라도 대가 없이 조직에 지혜를 제공하는 일방적인 관계에는 지치게 마련이다. 그리고 그런 방식으로 도와준 사람들은 언젠가 떠나버릴지도 모른다. 업적을 인정받고 감사의 인사를 받으면 더욱 적극적으로 참여하고 싶은 것이 인간의 공통된 심리다. 이런 선순환을 만들기 위해서라도 그들에게 보답하는 것은 매우 중요하다.

그렇다고 반드시 금전적인 보수를 제공할 필요는 없다. 현실적으로 NPO 같은 단체는 여유가 없기 때문에 어쩔 수 없이 돈 이외의 다른 방법으로 보상하는 것을 생각한다. 그래서 마음에서 우러나오는 '감사의 인사'를 전할 때도 있고, 인터넷 홈페이지에 협력자로 이름을 게재하는 경우도 있다. 학생이라면 적극적으로 사업에 참여하고 일을 해보는 경험이 금전적인 보수보다 값진 경우도 있다. 풀타임으로 인턴십을 할 만큼 시간적인 여유가 없는 학생일수록 이런 경영 경험과 실무 현장에서 사회인들과 함께 근무하거나 질문할 수 있는 기회를 매우 소중하게 받아들이고 있는 것 같다.

어떤 경우든 중요한 것은 그들이 수행한 역할을 명확하게 인식하는 것 그리고 이런 경험을 통해 그들에게도 얻을 것이 있다는 점을 느끼게 하는 것이다. 이를 통해 그들 사이에 Win을 창출할 수 있고, 그것이 조직에게는 성과라는 형태로 새로운 Win을 창출한다.

Company ·Customer ·Community ·Contributor ·Cooperator

그들에게 '내비게이션'은
장착되어 있는가?

쓰치다 농기계의 이야기로 다시 돌아가보자. 하시모토와 이토, 스즈키에게는 각자 원하는 바가 있었고, 각자 자기 나름대로의 목표를 갖고 일에 임했던 것을 알 수 있다.

하시모토는 BOP시장에서의 성공을 쓰치다 농기계의 새로운 성장의 기폭제로 삼고 싶어 했다. 한편 이토는 제품의 장점을 알리고 신규 고객에게 한 대라도 더 팔고 싶어 했다. 그리고 스즈키는 자사 제품을 통해 개발도상국 사람들의 삶이 조금이라도 윤택해지길 바랐다. 각자가 자기 눈앞의 '나무'는 보고 있었지만 '숲'은 보지 못한 상태다.

'숲'을 보는 전체적인 감각을 공유하지 못하면 함께 일하는 사람들은 어떻게 될까?

우선 목표의 전체적인 이미지가 보이지 않기 때문에(즉, 내비게이션이 없기 때문에) 올바른 과제를 설정할 수 없다. 과제를 올바르게 설정할 수 없다면 아무리 문제를 해결하고 일을 추진할 수 있는 능력이 있어도 제자리에서 맴돌 뿐이다.

또한 자신의 일이 어디까지 하면 '달성'될 수 있을지도 모른다. '부분적인 것'에 적합한 업무 방식으로도 고객을 만족시키고 보람을 느낄 수는 있다. 하지만 큰 목표를 달성할 수 없다면 작은 성공은 물거품이 될 가능성이 있다. 이런 일들이 반복되면 일하는 개인은 Win을 느낄 수 없고 의욕을 상실하게 된다. 이는 불 보듯 뻔한 사실이다. '내비게이션이 장착된 자동차'에서 점점 더 멀어져갈 뿐이다.

해외 진출 시 '회사 밖의 지혜'를 활용한다

'회사 밖의 지혜'를 빌리는 측면에서는 어떤가? 쓰치다 농기계처럼 미지의 땅에 진출할 경우에 특히 필요한 것은 현지에서의 생활 및 소비습관, 커뮤니케이션 방법 등 현지인들에게 '당연시되는 것'들에 대한 정보다. 이를 위해서는 '사외동료'가 될 현지인을 사귀고 지혜를 빌리면 일을 원만하게 진행시킬 수 있다.

그럼 하시모토의 팀원들은 어땠는가? 현지에 들어가기 전의 사전조사가 충분하지 않았던 것 같다. 또한 현지에 들어가서도 마을 사람들과 커뮤니케이션을 나누기는 했지만, 그들의 지혜를 빌리기보다 자신들이 원하는 것을 일방적으로 전달하고 있다. 특히 마을 이장은 마을 사람들에게 존경받는 인물로, 하시모토 팀원들도 중요인물로 여기고 접촉했던 것 같다. 하지만 농가와 만날 수 있도록 연결해 준 것에 대해 감사의 마음으로 보답하는 모습은 보이지 않았다. 이래서는 마을 이장의 마음도 언제 멀어질지 모를 일이다.

스즈키와 나오코의 대화에서 언급되었던 연료나 도로 사정, 전통적인 작물, 현지 사람들의 기질, 소비습관 등은 '농기계에 관한 시장조사'를 주제로 아무리 조사해도 알아내기 어려운 주변 정보다. 마을 사람들과의 신뢰 관계를 형성한 다음에야 비로소 알 수 있는 내용인 것이다. 따라서 현지인들과 좋은 관계를 맺고 때로는 그들의 조언에 감사의 마음으로 보답하는 것이 필요하지 않았을까? 바로 이런 태도가 그들과의 관계에서도 Win을 창출하고 비즈니스에도 Win을 가져다줄 것이다.

2

Customer

서비스를 받는 사람에게 Win을 창출한다

– 멤버 한 사람 한 사람은 고객의 '얼굴'을 보고 있는가

누가 서비스를
받는 사람인지를 '안다'

'무엇을 만들어도 팔리지 않는다'고?
정말로 그럴까?

이제 '만들면 팔린다'는 대량생산, 대량소비의 시대는 끝났다. 이런 말이 거론되기 시작한 것도 벌써 오래 전 일이다. 게다가 최근에는 불황 탓인지 '무엇을 만들어도 팔리지 않는다'는 말이 터져 나오고 있다.

정말로 그럴까? 유치원생 도시락을 만드는 '엔젤푸드Angel Food'의 이야기를 들어보자.

엔젤푸드는 안심하고 먹을 수 있는 식재료를 사용하고 균형 잡힌 영양과 아이들의 발육을 생각하며 만든 도시락으로 일본 도쿄의 23개구에서 무려 50퍼센트의 시장점유율을 확보하고 있다. 이는 이제까지 아이들이 먹었던 도시락에 '튀김이나 육류의 비율이 높고 첨가물을 사용하는 것은 아닌가?' 하고 걱정하는 유치원과 부모들에게 지지를 받은 결과라고 할 수 있다.

이 같은 사례를 보면 '만들어도 팔리지 않는다'는 말을 액면 그대로 받아들여서는 안 된다. 오히려 불황이기 때문에 소비자들은 서비스를 제공하는 사람들의 논리에 좌지우지되지 않고, 진심으로 원하는 제품이 출시되기를 기다리고 있다.

이런 상황을 생각해 보면 '서비스를 받는 사람에게 Win을 창출한다' 즉, 판매하는 상품과 서비스를 통해 고객의 이익을 최대화하는 일은 이전보다 훨씬 더 어려워졌는지도 모른다. 따라서 종래의 상품 개발부터 발상의 전환이 필요하다. 그 참고 사례 중 하나로 NPO 활동을 들 수 있다.

이번 장에서는 NPO가 어떻게 서비스(지원)를 설계하고 개발하며 사람들에게 전달하는지 설명하고자 한다. 그 단계는 크게 알기, 설계하기, 전달하기 등 세 가지로 나뉜다. 각 단계에서 NPO는 서비스를 통해 고객(NPO에서는 지원을 받는 사람)의 이익을 최대화하기 위해서 지혜를 모으고 Win을 창출하고 있다.

지혜를 모으는 방법이 기업의 상품 개발과는 다소 차이가 있을지도 모르겠다. 하지만 고객에게 사랑받는 상품과 서비스를 만드는 데 도움이 되는 힌트가 숨겨져 있으니 분명 도움이 될 것이다.

서비스를 받는 사람은
누구인가?

갑작스런 질문이지만 고객의 욕구needs 즉, 고객이 무엇을 원하는지 당신은 알고 있는가? 이런 질문을 던지면 왠지 "그걸 알면 이렇게 고생하겠어요?"라는 대답이 날아올 것만 같다.

그럼 질문을 바꿔보겠다. 당신은 자사의 제품이 왜 팔리는지, 그 이유를 아는가? 그 제품을 누가, 언제, 어디서, 왜 구입하는지 알고 있는가? 그리고 만일 해외에 선보인 제품이라면 그것이 왜 다른 나라에서도 팔리는지, 그 이유를 알고 있는가?

이렇게 꼼꼼하게 따지면서 생각해 봐야 고객의 정확한 욕구를 읽을 수 있다. 막연하게 대충 알고 있는 것만으로는 부족하다.

NPO는 고객의 욕구를 아는 것이 기업에 비해 어렵지 않다. 왜냐하면 대부분의 경우가 이미 사회문제로 드러나 있거나 그렇게 되는 과정에 있기 때문이다. 예를 들면 자연재해를 복구하는 문제나 분쟁으로 생겨난 난민들에 대한 긴급 지원 등이 NPO의 일이다. 그리고 NPO는 서비스를 제공해서 실현하고자 하는 미션 즉, 고객이 이렇게 됐으면 좋겠다는 부분도 상당히 명확하다.

물론 욕구가 명확하더라도 고객이 천차만별이기 때문에 상황은 항상 다르다. 예를 들어 똑같이 식량이 필요한 사람이라도 오랜 가뭄으로 농작물이 다 망가져서 곤란한 사람과 도시 슬럼화로 현금 수입이 없어서 곤란한 사람은 식량난에 빠지게 된 이유가 서로 다르다.

바로 이런 이유 때문에 NPO가 서비스를 받는 사람 즉, '고객'을 알아야 한다. NPO는 기업과 달리 고객이 상품과 서비스의 제공자를 선택할 수 없기 때문이다. 그래서 고객의 상황과 배경을 잘 모르고 제공한 서비스가 일단 거부당하면, 아무리 훌륭한 취지에서 제공한 서비스라 하더라도 그것을 받는 사람에게는 '억지 선행'으로 받아들여질 수 있다. 유감스럽게도 이런 사례는 실제로 존재한다.

욕구를 안다는 것의
진정한 의미

2011년 3월, 동일본 대지진을 지원했던 활동을 돌이켜 봐도 그렇다. 당시 피해 지역에는 전국 각지에서 다양한 지원 물자가 도착했다. 하지만 어느 지역이든 똑같은 물품, 똑같은 물량이 필요한 것은 아니었다. 가령 지진 발생 당시 여성과 아이들이 많았던 피난소에는 생필품도 필요했지만 오히려 생리용품과 일회용 귀저기 등이 절실했다. 그리고 체육관 등의 피난소가 아닌 자택에 머물고 있던 사람들은 난방기구와 가전제품이 필요했다.

하지만 지원자들은 지원받는 '누군가'에 대해 잘 몰랐기 때문에 정작 필요한 물품은 보내지 못했다. 그리고 필요하지도 않은 물건까지 대량으로 도착해 아무도 모르는 사이에 그대로 창고로 보내지기도 했다. 일본인 특유의 습성 때문에 입 밖으로 내는 사람은 극히 드물지만, 지원받는 사람들은 어쩔 수 없이 베푼 선의로 생각했을 가능성이 있다. 지진 피해자들을 돕자는 '미션'은 명확했지만 '고객'을 잘 알지 못한 탓에 Win을 창출할 수 없었던 것이다.

한편 똑같이 재해 지역을 지원하는 활동이라도 이와 대조적이었던 것이 바로 '힘내자! 동일본 지원 프로젝트'다. 이 프로젝트는 와세다 대학교의 니시죠 다케오 강사가 시작한 활동이다. '필요한 지원을, 필요한 만큼, 필요한 사람'에게 전달하자는 것이 목적으로, 활동 내용은 인터넷 홈페이지를 보면 자세히 알 수 있다. 집 전체가 무너지면 보상으로 받을 수 있는 세탁기와 냉장고 등의 가전제품을 집이 반 정도밖에 무너지지 않은 사람들은 받을 수 없는 것일까? 이런 모순에 대한 반성에서 시작된 '가전 프로젝트'는 2만 5천 세대 이상에 가전제품을 지원했다.

또한 아마존의 '위시 리스트(갖고 싶은 물건을 미리 리스트로 만들어 등록해 두는 시스템)'를 활용해서 지원하는 사람과 지원받는 사람을 직접 연결하는 프로그램은 2만 4천 개 이상의 '진정으로 필요한 지원'을 실현시켰다.

종래의 발상으로는 지원을 받는 사람이 이것저것 주문을 하는 것은 말도 안 되는 상황일 것이다. 하지만 진정으로 필요한 것을 양자가 대화를 통해 '알면' 비로소 진정한 의미의 지원이 가능해진다.

이처럼 서비스를 받는 사람 즉, 고객에 대해 잘 아는 것은 욕구를 효과적으로 충족시킨다는 점에서 중요한 것임에는 틀림없다.

배경을 아는 일의
중요성

고객이 누구인지를 아는 것은 결과적으로 '그 서비스에 대한 욕구가 왜 생긴 것인가?'를 이해하는 일이다.

앞에서 이야기했던 티치 포 아메리카TFA의 경우를 생각해 보자. TFA는 질 좋은 교육을 받기 어려운 아이들에게 대학을 갓 졸업한 인턴을 교사로 파견해 교육 수준을 향상시키는 서비스를 제공한다.

실제로 TFA의 서비스를 받는 아이들은 거주 지역과 학년, 가족 구성, 또래와의 관계, 본인의 성격 등등 제각기 다르다. 또한 TFA가 서비스를 제공하는 저소득 지역도 저소득 지역이 된 이유와 거주하는 주민들의 인종 등 다양한 스펙트럼을 갖고 있다.

예를 들어 이렇다 할 산업도 없이 쇠퇴하고 황폐해진 지역인지, 아니면 도시이기는 하지만 이민자들이 많아 저소득 지역으로 전락한 곳인지가 다르다. 따라서 서비스를 받는 사람들의 집단을 하나로 간주하고 획일적인 서비스를 매뉴얼대로 제공해서는 안 된다. 만일 지원 대상자가 전자라면 정신적으로도 피폐해졌을 가능성이 높기 때문에 아이들을 학교로 나오게 할 방법부터 생각해야 하고, 후자라면 수업에 따라올 수 있을 정도의 영어 실력을 익힐 수 있도록 보충수업을 마련해야 한다.

TFA는 교사를 파견한 각 지역에 지역 사무소를 마련하고, TFA의 직원들이 교사와 연계하여 지역의 욕구에 적합한 교육 서비스를 실현할 수 있도록 지원한다.

예를 들어 담당 지역의 인구 동태, 진학률, 전국 평균과 비교한 성적 상황 등의 정보를 자세하게 조사하고 분석해서 그 결과를 공유한다. 그리고 이를 통해 교사들이 보다 나은 학급을 만들 수 있도록 돕는다. 또한 교사들도 이러한 지원과 TFA 졸업생 네트워크를 적극적으로 활용해서 보다 좋은 프로그램을 만들려고 노력하고 있다.

고객이 누구인지를 알고 욕구가 생기게 된 배경을 아는 것은 미션을 달성하기 위한 지름길이다. 이는 기업에서 소비자를 파악하고 그런 욕구가 생기게 된 배경을 고려하는 것이 잠재적인 욕구의 발굴로 이어지는 것과 동일한 맥락이다.

가까이 두고 계속
쓸 수 있도록 '설계한다'

무엇을 위한
서비스였는가?

서비스를 필요로 하는 사람들이 어떤 사람인지 즉, 소비자 타깃을 명확하게 떠올릴 수 있다면 새로운 서비스의 설계 혹은 기존 서비스의 업그레이드 단계로 진입하게 된다.

그러나 '제공하는 서비스'라도 지금 당장의 소비 욕구를 만족시키고 끝나는 서비스가 있는가 하면 좀 더 오랫동안 지속적으로 이용되는 서비스도 있다. 특히 NPO는, TFA가 그렇듯, 서비스를 제공함으로써 사람들을 행복하게 만들고, 나아가 세상을 좀 더 살기 좋은 곳으로 만드는 등 원대하고 오랜 시간이 걸리는 목표를 세우는 곳이 대부분이다. 그리고 목표가 달성될 때까지의 오랜 시간을 통해 서비스를 지속적으로 이용하도록 소비자에게 편리하고 가까이 두고 싶은 친근한 느낌을 갖도록 해야 한다.

따라서 서비스의 설계는 소비자 타깃을 꼼꼼하게 파악하는 것과 마찬가지로 주의 깊게 오랜 시간을 두고 해야 한다.

P&G의 철저한 현지화에서
얻을 수 있는 힌트

지원국의 사정이 제각기 다른 NPO는 서비스를 받아들이게 하기 위해 항상 업그레이드가 필요하다는 이야기를 했다. 기업에서 말하는 제품과 서비스의 '현지화localization'에 해당하는 개념이다.

이 부분은 오히려 기업의 사례에서 배울 점이 많다. 예를 들어 P&G The Procter & Gamble Company'가 아주 유명하다. P&G는 '고객이 왕이다Consumer is Boss'라는 회사 이념에 따라 진출국의 소비자를 철저히 조사하고, 그 결과를 진출국에 적합한 상품 개발에 반영한다.

예전에 P&G 일본 법인의 사장이 했던 인터뷰에 따르면, 소비자조사는 청취조사뿐만 아니라 각 가정을 방문해서 실제로 가사를 할 때의 모습을 관찰한다. 그렇게 했더니 다각적인 질문을 통해서도 나오지 않앞던, 소비자 자신조차 의식하지 못했던 내면의 깊은 심리에서 나오는 욕구를 알아낼 수 있었다고 한다.

이렇게 철저하게 조사했기 때문에 세계 각국에서 판매되는 샴푸의 경우, 인종에 따른 모발의 특성과 각국의 수질에 따라 성분을 달리하거나 소비자의 소득 수준에 맞게 소량 패키지로 판매하는 등 현지화가 가능했던 것이다.

소비자들이 '이것밖에 없으니까 어쩔 수 없이 산다'는 행동에서 벗어났듯이 시장에 상관없이 획일적이고 동일한 규격의 제품을 판매하던 시대는 이제 막을 내리고 있다. 제품과 서비스를 제공하는 기업은 그 어느 때보다 현지화의 중요성을 인식해야 한다. 그것이야말로 제품과 서비스 상품의 수명을 연장하는 계기가 될 것이다.

수평적인 파급력
– 잠재고객의 욕구를 파악하기 위한 아이디어 확장법

서비스의 현지화가 착실하게 이뤄진다면 서비스를 받는 사람들에게 Win을 창출할 수 있을까? 물론 고객이 서비스를 받아들이는 것은 중요한 일이고, 서비스가 고객을 만족시킬 수 있다면 분명히 하나의 Win이 창출될 것이다.

그러나 Win을 창출하려고 눈앞의 고객만 생각한다면 그 고객의 주변에 존재하는 '잠재고객'이나 '서비스를 전달하고 싶은 지역 전체'에까지 파급시키기는 어렵다. 특히 사회문제를 해결하기 위한 미션 달성, 아니 이보다 더 큰 관점에서 생각해야 하는 NPO는 서비스를 받는 개인에게 Win을 창출하는 것만으로는 충분하지 않다.

TFT도 한 명의 어린이가 영양만점의 급식을 먹고 씩씩하게 학교에 다니는 것을 기쁨으로 생각한다. 하지만 한편으로 '식량'이라는 자원의 중요성을 세계 각국의 사람들이 인식하고 식량분배의 불균형이 해소되기까지는 진정한 의미에서 서비스를 받는 사람에게 Win을 창출했다고 할 수 없다.

여기서 제기되는 것이 바로 '영향력의 범위'라는 개념이다. 구체적으로 말하자면 '조직이 제공하는 서비스가 직접적인 혜택을 입은 사람들 주변의 누군가(무엇)에게 어떤 영향을 미치는 것이 바람직한가'라는 개념이다.

예를 들어 TFA는 학력이 낮은 아이의 실력을 끌어올려 주고 아이는 대학교에 진학하게 된다. 이는 서비스를 받는 개인의 Win이다. 한편 그 아이를 가까이서 지켜본 다른 아이가 '나도 대학에 가서 공부하고 싶다'며 분발할 수도 있다. 그러면 교사는 교실 안의 열정과 노력이 자포자기했던 아이들을 도울 수 있다는 사실을 깨닫게 되고, 새로운 활동을 시작할 수 있을지 모른다.

그리고 학교가 소재한 지역의 주민들은 아이들이 수업에 열심히 참여함으로써 정신적으로 안정을 찾고, 비행으로 치닫는 일이 줄어들어

치안이 좋아진 것에 기쁨을 느낄지도 모른다.

이처럼 서비스가 미치는 영향을 넓은 범위까지 고려하고 예상함으로써 비로소 서비스를 받는 사람에게 Win을 창출할 수 있다.

그래서 수평적으로 확대되는 영향력의 범위를 생각하면서 욕구에 맞는 서비스를 설계하는 것은 NPO에서 미션을 달성하는 데 매우 중요한 일이다. 또한 이러한 개념을 갖는 것은 앞에서 언급했던 '숲을 보는 감각을 갖고 일에 전념한다'와 동일한 맥락이라고 할 수 있다.

'이로하스'가 만들어낸
수평적인 파급력

최근 들어 기업에서도 미래의 잠재고객을 확보하기 위한 활동 및 지구 환경을 위한 친환경 상품 제작 등 '눈앞의 욕구'에만 대처하는 것이 아니라 미래를 반영한 제품 및 서비스의 제공을 염두에 두고 있다.

예를 들어 '일본 코카콜라'가 판매하고 있는 '이로하스I LOHAS'라는 미네랄워터가 그렇다. 마셔본 적이 있는 사람은 이로하스를 처음 집어 들었을 때 '페트병이 다른 제품에 비해 얇고 가볍다'고 느꼈을 것이다. 나도 그렇게 느낀 사람 중의 한 명인데, 페트병 제작에 사용되는 수지의 양을 줄여 납작하게 만들기 쉽게 했고 환경에 대한 부하를 낮춘다는 점을 나중에 알고 호감을 갖게 되었다. 이 제품은 마시는 사람의 목을 촉촉하게 적셔줄 뿐만 아니라 그 사람이 사는 지역의 쓰레기와 자원 문제에 대한 해답을 제공하고 있다고 할 수 있다.

영향력은 여기서 그치지 않는다. 마신 사람은 주변 사람들에게 "이 페트병이 아주 물건이야!"라며 자신도 모르는 사이에 선전을 하게 된다. 그리고 그런 이야기를 들은 사람은 흥미를 갖게 된다. 이렇게 잠재 고객을 늘리는 효과를 낳기도 한다. 기업이 혼자만의 노력으로는 도저히 이룰 수 없는 마케팅 효과를 기대할 수 있는 것이다.

기업은 광고나 홍보에 자원을 분배하는 대신에 환경을 고려한 제품 포장에 자원을 투입하고, 고객은 광고나 홍보 없이도 자연스럽게 제품의 PR을 맡아 준다. Win이 물결의 파문과 같이 점차 확대되는 모습을 상상할 수 있다. 바로 수평적인 파급력에 해당하는 사례다. 이후에 타사 제품의 페트병이 '이로하스'를 모방하게 된 것도 매우 인상적이다.

이런 사례를 봐도 '영향력의 범위'를 반영한 아이디어는 잠재적인 욕구를 불러일으켜 수평 방향의 파급 효과를 가져다준다는 것을 알 수 있다. 이와 같은 노력이 새로운 고객 확대로 이어지는 것이다.

수직적인 파급력
– 다음 세대에게 이어지는 Win을!

'영향력의 범위'라는 관점에서 좀 더 생각해 보자. 앞서 설명한 '수평적인 파급력'은 고객이 소속된 주변의 환경 즉, 평면적으로 넓어지는 범위에 대한 개념이었다.

이와 함께 영향력의 범위로 생각해야 할 것이 하나 더 있다. 시간의 축 즉, '서비스에 의해 영향력이 지속되는 시간'의 개념이다. 주변으로 확대되는 범위가 수평적인 영향력이라면 이는 '수직적인 파급력'이라고 할 수 있다.

NPO는 서비스 제공을 통해서 미션을 실현하는 것을 목표로 삼는다. 그리고 미션은 빈곤 해소와 지구온난화 해결 등 오랜 시간을 두고 노력해야 실현 가능한 것들이 대부분이다. 그러니 수평적인 파급력을 넘어서, 가능하면 오랫동안 수직적인 파급력을 지속시켜야 한다.

TFA의 경우, 멤버를 파견한 학군에서 대부분의 학생들이 대학교에 진학하고, 동료 교사의 교수법이 향상되는 좋은 성과가 나오면 그것으로 만족할 것인가? 물론 이것 자체도 훌륭한 성과지만 그들 자신과 그들이 속한 세대의 성과만으로는 지속성을 기대하기 어렵다.

그러므로 한 발 더 나아가 다음과 같은 개념에 따라 서비스를 설계하면 어떨까? 대학 진학을 이룬 학생들이 졸업 후에 고향으로 돌아가 사회에 기여하거나 후배들의 롤 모델이 되는 것을 장려함으로써 지역 전체를 좀 더 활기차게 바꿀 수 있다. 이렇게 설계하면 TFA의 서비스는 서비스를 받는 아이들의 세대 그리고 그들의 손자 세대까지도 영향력을 지속시킬 수 있다.

또한 TFA의 영향력은 서비스를 받는 아이들만이 아니라 멤버인 교사에게도 큰 영향을 미친다. TFA에서 교사로 일하기 희망했던 대학생들 중에 파견 교사를 시작할 때부터 '교육 분야에서 평생 일하겠다'고 결심하는 사람은 그리 많지 않다고 한다. 하지만 TFA에서 2년간의 활동을 마치고 나서 교육 관련 분야에 취업하는 사람의 비율은 60퍼센트가 넘는다고 한다. 또한 교육 분야로 진출하지 않아도 졸업생의 대부분은 기업 간부 혹은 정치가로서 차세대를 위한 미국 교육의 향상을 지원하고 있다.

100년간 꾸준한 사랑을 받은 기업이
Win을 창출하는 공통점

수직적인 파급력은 수평적인 파급력에 비해 잘 보이지 않을 수도 있다. 또한 "그렇게 먼 미래까지 염두에 두고 상품을 개발하지 않아도 회사는 잘 굴러가잖아!"라고 한다면 물론 그렇다. 하지만 많은 기업인들이 자사 제품이 소비자들에게 오랫동안 꾸준히 사랑받기를 바란다.

'바믹스bamix'라는 조리 기구를 수입, 판매하는 기업이 있다. 이 기업에서는 판매한 뒤에 아무리 오랜 시간이 흘러도 수리와 부품 판매 등의 애프터서비스를 제공한다. 예를 들어 20년 전에, 청소년기의 딸을 둔 주부가 구입한 제품을 장성한 딸이 물려받아 손자손녀의 이유식을 만드는 데 사용되기를 바라고, 실제로 바믹스의 제품을 20년 혹은

30년 동안 계속 사용하고 있는 애용자도 많다고 한다.

바믹스 외에도 '세대를 뛰어넘어 보다 많은 사람들이 사용했으면 좋겠다', '바라건대 제품에 얽힌 기억이 행복한 추억이었으면 좋겠다', '그 추억을 다음 세대에게도 전하고 싶다' 하는 생각을 하는 기업인은 많을 것이다. 이는 시간을 뛰어넘어 고객에게 Win을 창출하려는 개념이라고 할 수 있다.

일본에는 100년 이상의 역사를 자랑하는 전통기업이, 특히 제조업 분야에 많다는 기사를 접한 적이 있다. 이들 중에는 제품을 시대에 맞게 개량하는 유연한 기업도 있지만, 창업부터 현재에 이르기까지 동일한 제품을 계속 만들고 있는 곳도 많다고 한다.

일례로 '곤고구미Kongo Gumi'라는 회사를 살펴보자. 곤고구미는 세계에서 가장 오래된 회사로 알려져 있고, 설립 시기는 쇼토쿠 태자가 활동했던 일본의 아스카 시대까지 거슬러 올라간다. 그들의 주요 '제품'은 신사와 절, 불당의 건축물이다. 그들의 건축은 건립 당시의 건축주만을 위한 것이 아니라 100년 뒤, 아니 200년 뒤까지 남아 모든 시대의 '고객'에게 이용되고 사랑받는 건축물을 의도하고 있다.

이렇게 보면 전통기업이라고 불리는 기업이 시대를 넘어 존재하는 이유, 나아가 일본인이 가진 제조업에 대한 정신도 수직적인 파급력과 깊은 관련이 있는 것인지도 모른다.

진심 어린 감사를 받는
서비스를 '제공한다'

고객맞춤과
고객의 참여의식

온갖 정성을 다해 개발하고 서비스 준비가 갖춰지고 나면 드디어 그 서비스를 받을 사람들에게 제공하는 단계에 이르게 된다. 하지만 제공하는 사람이 아무리 좋은 서비스를 만들었다고 생각해도 받는 사람이 서비스에 담긴 의미를 거부할 수도 있고, 오랫동안 사용해 줄지도 의문이다. 다만 그 확률을 높이기 위해서 사전에 준비할 수 있는 것이 있다.

'현지화localization'라는 형태로 받는 사람에게 적합한 제품과 서비스를 한 단계 발전시키는 것의 중요성은 앞서 설명한 바와 같다. 그런데 얼핏 보면 모순인 것 같지만 고객맞춤을 100퍼센트 완벽하게 끝내지 않은 상태에서 서비스 제공을 시작하는 것이 적절한 경우도 실제로 존재한다.

이는 서비스에 대한 주인의식 및 주체성, 이른바 '참여의식'을 높이기 위해 고객맞춤의 마무리 단계를 서비스를 받는 사람에게 맡기는 경우다. 이유는 제공하는 서비스가 아무리 좋더라도 받는 사람이 위화감을 느끼게 되면 적극적으로 사용하지 않고, 지속적으로 사용하지 않기 때문이다.

예를 들어 TFT나 협력 NPO는 아프리카에 급식실과 학교 등의 '건물'을 지을 때 벽에 사용되는 토양과 물, 목재 등 현지에서 조달 가능한 원자재와 건설에 필요한 노동력 확보를 현지 주민들에게 부탁한다. 주민들로 하여금 이런 시설을 외부 지원자가 주는 '선물'이 아니라 '우리 스스로가 짓는다'고 느끼게 하고, 이를 통해 건물에 대한 애착과 운영해 나가는 데 주체성을 가질 수 있다.

참여의식을 키우는 방법은 반제품의 완성단계에 고객을 참여시키는 데 그치지 않는다. 이보다 훨씬 이전 단계 즉, 상품 개발부터 현지 사람들을 참여시키고 진출 지역에서 현지 인재들을 적극적으로 채용하는 것도 참여의식을 고취하기 위한 효율적인 방법 중 하나다.

똑같은 제품을 사더라도 '다른 나라에서 들어온 이름도 모르는 기업'과 '다른 나라에서 들어왔지만 현지에서 고용을 창출하고 친구가 일하고 있는 기업'이 있다면 후자의 상품을 사고 응원하고 싶은 것이 인간의 심리다. 이렇게 하면 고용창출이라는 형태로 현지 지역사회를 지원하면서 지역사회로부터 지지를 얻을 수 있다.

'고객'을 '팬'으로 바꾸기 위한 스토리 만들기

참여의식을 갖게 하는 것과 비슷할 수도 있는데, 고객을 제품과 서비스의 '팬'으로 만드는 일도 오랫동안 제품과 서비스를 사용하도록 하기 위한 아이디어의 하나다. 이렇게 말하면 당연한 일처럼 들릴지도 모른다. 하지만 팬을 만드는 것은 Win의 거듭제곱으로 직결되는 중요한 과정이다.

혹시 당신은 단지 필요해서가 아니라 '그냥 좋다'는 이유로 사용하고 있는 제품이 있는가? 사람은 누구나 좋은 제품이 있으면 그것이 얼마나 좋은지 사람들에게 알리고 싶어 한다. 그리고 친구들도 같은 제품을 사용하는 '동료'가 됐으면 좋겠다고 생각한다. 이것이 바로 고객에게 Win의 거듭제곱을 창출하는 것이다.

'버즈 마케팅buzz marketing'이라고도 불리는데, 이런 방법으로 팬을 만드는 것을 기업도, NPO도 중요시하기 시작했다. 특히 최근에는 SNS를 활용한 사례도 많아졌다. 광고나 홍보에 예산을 할애할 수 없는

NPO는 이런 인터넷 도구를 활용해 사회적인 이익과 스토리를 전달하고, 고객을 팬으로 만드는 일에 뛰어나다. 최근에는 일반기업도 이런 방법을 적극적으로 활용하고 있다.

예를 들어 '이토햄Ito Ham'에서는 기업 페이스북를 만들어 '햄 대리'라는 캐릭터를 등장시켰다. '햄 대리'가 재미있는 코멘트를 통해 상품이나 레시피를 소개한다. 햄 대리는 인기 마스코트가 되었고, 2011년 3월에 페이스북 페이지가 개설된 이래 2만 개 이상의 '좋아요'를 획득하는 쾌거를 달성했다(2012년 5월 현재). 페이스북에 소개된 레시피를 모은 책까지 출판되었을 정도다.

지금도 접속자들의 댓글이 끊임없이 달리고 있는데, 햄 대리가 일일이 댓글을 달아주는 것이 인기의 비결인 듯하다. 이러한 노력은 고객을 팬으로 만들어 기업의 스토리를 공유함으로써 고객과 기업 모두에게 Win을 창출한 좋은 사례라고 할 수 있다.

고객에게 상품과
서비스만 전달해도 좋은가?

시장에서 지금을 조달한 이상 제공한 제품과 서비스가 이익을 내고, 주주에게 그 이익을 환원할 수 있는가는 기업에게 매우 중요한 성과지표임에는 틀림없다.

한편 NPO는 무엇을 성공이라고 정의해야 할지 어려운 것이 사실이다. 몇 개의 NPO에서는 효과 측정을 위한 지표를 독자적으로 정한 곳도 있다.

예를 들어 개발도상국에서 주로 수도나 가스, 전기 등의 인프라 비즈니스에 투자하고 비즈니스의 성공을 통해 해당 국가에서 빈곤을 해소하고자 노력하는 '어큐맨펀드Acumen Fund'가 있다. 이들은 비즈니스의 경제적인 성공과 지속성, 규모 확대의 가능성 외에 사회적인 영향력 즉, 서비스를 통해 사람들의 생활의 질이 얼마만큼 개선됐는지를 효과 측정의 지표로 설정한다(어큐맨펀드와 그 성과지표에 대해서는 뒤에서 자세하게 소개하겠다).

이 지표의 목표는 '물질적인 풍요로움'이 가져다주는 행복이 아니라 '인간으로서의 존엄성을 갖고 생활할 수 있는 행복'이 가져다주는 사람들의 미소다. 대량생산과 대량소비의 시대를 거치면서 점차 사라져가던 것을 여기서 다시 만난 듯한 생각이 든다.

제품과 서비스를 사람들에게 제공하기 위해 지혜를 모으는 것은 도대체 무엇을 위한 일인가? 기업에서 일하는 사람들에게 TFT의 활동을 이야기하고, 이런 질문을 하면 그들의 반응은 대개 이렇다.

"내가 생각했던 서비스를 이용한 누군가가 '정말로 이 서비스가 있어서 좋았어요!' 라고 말하며 행복해 하길 바라기 때문입니다."

"우리가 제공한 서비스가 받는 사람과 그 주변의 사람들을, 서비스를 구입한 그 순간만이 아니라 오랫동안 행복하게 만들기를 바라기 때문입니다."

그들 역시 우리와 똑같은 생각을 마음속에 품고 있는 것이다.

알고, 설계하고, 제공한다. 이 세 가지 단계를 통해 소비자에게 Win을 창출하고 그것이 물결의 파문처럼 확대된다. 그리고 이것이 돌고 돌아 제품을 생산한 사람들에게도 기쁨Win이 되어 되돌아오는 것은 아닐까?

Company · **Customer** ·Community·Contributor·Cooperator

고객의 진정한 욕구를 알고
설계해야 한다

하시모토 팀은 6개월 동안 사전조사를 진행한 뒤 현지에 진출했다. 그들은 과연 고객에 대해 명확하게 '파악'했던 것일까? '회사 밖의 지혜' 부분에서도 언급했지만, 책상머리에 앉아서 얻은 단편적인 정보로 현지인을 '알았다'고 착각한 것은 아닐까? 신뢰 관계를 충분히 구축한 뒤에 고객의 실제 모습을 파악한 것이 아니라 쓰치다 농기계가 생각하는 (어떤 의미에서는 일방적인) 현지화가 반영된 제품을 판매하려 했던 것은 아닐까?

또한 제품의 '설계'는 어땠는가? 트랙터 자체의 성능은 물론, 트랙터를 쉽게 접할 수 있는 기회나 구매한 뒤의 애프터서비스가 고객이 만족할 만한 것이었나?

나오코의 지적에서도 알 수 있듯이 하시모토 팀이 인도에 가지고 간 필드 미니는 고객의 노동 상황에 적합하지 않았을 가능성도 있다. 설계 단계에서 연구자들이 충분히 사전조사와 현지 답사, 고객과의 대화, 실전 적용 등의 과정을 거치지 않은 결과 고객의 욕구에 맞지 않는 제품을 내놓게 된 것이다. 이런 것들은 고객을 잘 '알지 못했기' 때문에 일어나는 '설계 단계의 실수'라고 할 수 있다.

'영향력의 범위'를 의식하고
고객과 함께 생각한다

'영향력의 범위'라는 관점은 제품 설계에 명확하게 반영되었을까? 이모작이 가능해지면 타지로 일을 찾아 떠나는 사람들이 줄어들고, 지역사회의 이탈을 막는다는 관점이 수평 혹은 수직적 영향력의 창출로 이어질 수 있다.

다만 이모작을 위한 작물로 '어떤 것이 좋은지', '수확물의 저장과 유통은 어떻게 할 것인지'를 고객과 함께 생각해야 비로소 고객에게 Win을 창출하면서 보다 설득력 있는 스토리를 통해 제품을 고객에게 '전달'할 수 있고, 제품 구매를 검토하게 만들 수 있을 것이다.

3

Community

지역사회에
Win을 창출한다

– 본업을 통해 '사회적 이익'을 창출할 수 있는가

지역사회에 기여하는 것은 어떻게 이익으로 이어지는가

TFT가 '학교 텃밭'을 만든
진정한 이유

앞에서는 모든 고객 즉, 서비스를 받는 사람을 중심으로 어떻게 그들을 행복하게 만들고 Win을 창출해 나갈 것인지에 대해 생각해 봤다. 그런데 '잠재고객'이라는 말이 있듯이 현재 서비스를 받는 사람에게만 주목해서는 비즈니스를 확장해 나갈 수 없다.

'우리의 서비스를 필요로 하는 사람은 아직 많다'고 생각하고 미래의 고객에게 다가가는 일은 비즈니스의 현장에서 일상적으로 이루어진다. NPO에서도 마찬가지다.

예를 들어 TFT는 아이들에게 급식을 전달하는 직접적인 지원 외에 학교에 텃밭을 조성하고 지역 주민들에게 도움을 받는다. 이를 통해 사람들은 명랑하게 학교에 다니는 아이들을 보거나, 영양이 고루 갖춰진 급식을 만드는 것에 대한 이해를 깊이 하는 등 아이들만이 아니라 지역사회에 Win을 창출하고 있다. 그리고 비슷한 고민을 안고 사는 다른 가정이나 마을도 흥미를 갖고 이를 받아들이는 선순환을 낳는다.

이렇게 '사회적 이익'을 제공하고 지역사회에 Win을 창출하는 방법은 종래의 잠재고객에게 다가가는 방식과 약간 다를지도 모른다. 왜냐하면 지역사회에 Win을 창출해도 NPO의 멤버가 대상으로 삼은 특정 상품의 고객이 되어줄 것인가는 미지수이기 때문이다.

다만 종래의 방법보다 더욱 장기적인 관점에서, 또한 고객의 범위를 넓게 아우르고 있기 때문에 전혀 다른 욕구에서 다른 상품의 고객이 되어줄 가능성이 있다. 또한 지역사회와 밀접하게 커뮤니케이션을 취하면서 기업의 연구 개발이나 마케팅 활동에 유익한 정보를 '얻을 수 있고', 앞에서 언급했던 표현을 빌리자면 '알 수 있는' 이점이 있다.

마이크로소프트가 창출한 거대한 Win

실제로 진출한 나라와 지역의 사회적 이익을 확대시킴으로써 지역사회에 Win을 창출한 사례는 기업에도 존재한다.

마이크로소프트는 2003년부터 인도에서 교사와 학생들의 IT 수준을 향상시키기 위한 활동을 벌이고 있다. 인도 정부와의 협력 체제를 바탕으로 진행된 이 프로그램으로 2008년에는 20만 명의 교사가 훈련을 받았고, 최종적으로 1천만 명의 학생들에게 영향을 미쳤다.

지역 사람들은 마이크로소프트의 이런 활동을 어떻게 받아들였을까? 두말할 필요도 없이 기뻐했을 것이다. 그리고 '인도를 위해, 마을을 위해 이렇게까지 해주다니!' 하며 큰 감동을 받고 마이크로소프트의 팬이 되지 않았을까?

마이크로소프트의 사례만 봐도 사회적 이익을 창출하는 즉, 지역사회에 Win을 창출하는 것을 거절할 사람은 없다. 오히려 감사의 마음을 갖고 환영하는 사람이 많을 것이다.

기업에서도 마이크로소프트처럼 '사회적 이익을 창출'하는 접근 방법을 활용하는 것은 어떨까? 당신은 이런 방법을 '자사 제품과 서비스를 판매하기 위한 위선적인 행동'이라고 생각하는가?

만일 그렇다면 잠시 이렇게 생각해 보기 바란다. 그 나라와 지역이 진정으로 필요로 하는 사회적 이익을 제공함으로써 손해를 입는 사람 또는 곤란해지는 사람이 있는가? 기업의 강점을 활용해서 지역의 욕구를 명확하게 이해하고 제공했다면 오히려 환영받아야 하지 않을까? 그리고 그것이 기업의 팬을 늘리고, 어쩌면 미래의 고객을 만들어 줄지도 모른다.

지역사회에 몇 개의 Win을 창출하는 일은 훌륭한 사업 활동이다. 그리고 우리도 지역사회의 일원이라는 사실을 잊어서는 안 된다. 우리가 사는 이 세상이 우리의 일을 통해 보다 나은 곳으로 바뀐다면 얼마나 기쁘겠는가? 자신의 일을 통해 타인을 돕는 것이 보람을 느끼게 한다고 했는데, 지역사회에 Win을 창출하는 것도 보람을 느끼게 한다.

이번 장에서는 '미래의 고객을 만들기 위해서'라는 목적을 넘어 지역사회에 Win을 창출하는 것과 그 의미에 대해 살펴보고자 한다.

지역사회와 함께 생각한다는 것은?

'적을 만들지 않는다'가 아니라
'내 편을 만든다'

기업과 NPO, 양쪽의 사례를 소개했는데 '사회적 이익'이라는 단어는 역시 왠지 모르게 부담스럽게 느껴지는 말이다. 그래서 "우리가 팔고 싶은 것은 제품과 서비스인데, 그렇게 거창한 뭔가까지 생각해야 합니까?"라며 불만을 제기하는 사람도 있을지 모르겠다.

여기서 내가 말하고자 하는 것은 해당 기업의 고객이 아닌 사람들도 '소외감'이 느껴지지 않는 관계 정립 즉, 고객이 아니더라도 기업의 '지원군supporter'이 되어주는 관계의 정립이다.

예를 들어 당신에게 해외진출팀의 리더 역할이 주어졌다고 하자. 그리고 팔아야 할 제품의 생산, 시장조사, 거점 설정의 작업도 착실하게 진행되고 있다고 하자. 슬슬 본격적으로 현지 활동을 시작하려 할 때 당신이라면 제일 먼저 무엇을 떠올리겠는가?

팀의 활동과 제품을 현지 사람들이 순조롭게 받아들이거나 혹은 적어도 방해받는 일이 없도록 '다지기 작업'이나 '사전교섭'을 떠올린 사람도 적지 않을 것이다. 예를 들어 큰 규모의 기업이라면 상공회의소 같은 곳을, 작은 규모의 기업이라면 마을 청년회나 부녀회 등을 찾아가 좋은 관계를 구축하려 할 것이다.

이런 행동의 첫 번째 목적은 비즈니스 활동이 지체되지 않도록 하기 위한 것이다. '우리가 하려는 사업은 마을 공장의 생산을 위협하는 것이 아니다', '노동과 자연 자원을 착취하러 온 것이 아니다' 등등 상대방에게 우리가 '적'이 아니라는 것을 호소한다. '적을 만들지 않음'으로써 장벽이나 방해물이 될 것 같은 요소들을 미리 제거하는 노력이라고 할 수 있다. 물론 이는 사업을 진행하는 데 당연히 필요한 방법이다.

하지만 여기서 그칠 것이 아니라 이렇게 생각해 보면 어떨까? 지역사회에 '적을 만들지 않는다'가 아니라 '내 편을 만든다'는 관점을 갖는 것이다. '적을 만들지 않는다'는 관점은 극단적으로 말해 '방해만 하지 않는다면 지역 사람들이 자신들이 비즈니스에 무관심해도 상관없다'는 의미가 될 수 있다. 한편 '내 편을 만든다'는 관점은 '적극적으로 응원해 달라고 호소하는 것'을 뜻한다.

예를 들어 TFT의 직원식당 프로그램을 봐도 직원식당에서 식사하는 모든 사람들이 TFT의 메뉴를 먹는 것은 아니다. 하지만 TFT 메뉴를 선택하지 않아도 포스터 등을 통해 대부분의 직원이 프로그램에 대해 알고, '우리 회사가 꽤 좋은 일을 하고 있구나!' 하며 외부 사람들에게 이야기하거나 자연스럽게 응원하는 경우도 많다.

이런 의미의 내 편을 만들면 지역사회에 Win을 창출하며 착실하게 지역사회에 뿌리를 내리고 지속적인 비즈니스로 발전시킬 수 있다.

이는 앞에서 소개했던 고객에게 Win을 창출할 때의 '수평적인 파급력'과 '수직적인 파급력'을 널리 확장시키는 발상이다. NPO와 기업을 불문하고 새로운 시장과 해외로 진출할 때 반드시 염두에 두어야 할 중요한 포인트다.

Customer와 Community를
하나로 생각한다

최근에 중국이 온 힘을 다해 아프리카 진출에 힘쓰고 있다고 대중매체에서 크게 떠들고 있다. 사실 나도 아프리카를 방문할 때마다 그 지역에서 중국 기업이 얼마나 큰 존재감을 갖고 있는지 실감하곤 한다. 그러나 대중매체에서 이를 호의적으로만 보도하는 것은 아니다. 자연환경과 노동환경에 대한 낮은 의식을 문제시하는 보도도 종종 있다.

'실제로 현지 사람들은 어떻게 생각하고 있을까?' 하는 궁금증이 생긴 나는 현지 사람들에게 직접 물어본 적이 있다. 그러면 "평판이 좋다고는 할 수 없어요. 하지만 그 회사는 우리 마을에 시내로 연결되는 도로를 만들어 줬답니다" 같은 대답이 많았다. 중국 기업과 직접적인 이해관계가 없는 사람들도 지역사회에 기여한 존재로 호의적으로 받아들이고 있는 것이다.

중국 기업이 진심으로 지역사회를 행복하게 만들기 위해서 도로를 조성한 것인지, 또는 제품을 유통시키는 데 필요하기 때문에 도로를 조성한 것인지는 불분명하다. 하지만 도로 조성을 통해 결과적으로 지역사회에 Win을 창출한 것은 사실이다. 그리고 마을 사람들은 앞으로도 중국 기업을 호의적으로 평가할 것이다.

이렇게 팬을 확보해 두면 지금 당장 제품을 구매하지 않더라도 다른 제품이 출시되었을 때 고객이 될 수도 있고, 또는 욕구가 생겼을 때 그 기업의 제품을 선택할 가능성이 높다. 이처럼 지역사회에 Win을 창출하는 것을 우연에 기대는 것이 아니라, 명료하게 계획을 세우고 추진하는 것이 앞으로 더욱더 중요해질 것이다.

이런 활동을 의식적으로 전개하고 있는 기업으로 '유니클로UNICLO'를 들 수 있는데, 이곳에서는 '모든 상품의 재활용 활동'을 추진하고 있다. '퍼스트리테일링First Retailing'은 '옷은 한 번 입고 버리는 것이 아니다'라는 생각에 입각해서 안 입게 된 유니클로의 옷을 회수해 UNHCR 유엔난민고등판무관실 등과 파트너십을 맺고 세계 각국의 난민캠프에 나

뉘주고 있다. 이런 활동은 현지 사람들에게 큰 환영을 받고 있다.

또 어느 지역에서는 임신복의 배급 장소를 병원으로 지정해 아직 일반화되지 않은 '병원에서의 출산'을 정착시키는 계기가 된 사례도 있다. 이런 성과들을 살펴보면 일련의 활동들이 지역사회에 Win을 창출하고 있다고 할 수 있다.

이런 활동들을 통상적인 CSRCorporate Social Responsibility(기업의 사회적 책임) 활동으로 볼 수도 있다. 하지만 퍼스트리테일링은 이를 '출점하지 못한 지역에 유니클로를 알리는 기회'이자 '민족과 종교가 다른 지역의 의복 취향과 욕구를 아는 기회'로 생각하고 있다고 한다.

지역사회에 Win을 창출하는 것이 곧바로 이익으로 연결되는 것은 아니다. 하지만 본업과 동떨어진 CSR 활동으로 정의내리는 데 그치지 말고, 미래에 기업의 힘이 되도록 명확하게 계획을 세우고 행동해야 한다. 이런 자세는 Win을 확대하는 일로 확실하게 이어질 것이다.

기업과 지역사회에
동시에 Win을 만드는 방법

지역사회에 Win을 창출하는 것은 자칫 잘못하면 '제품과 서비스를 판매하기 위한 CSR 활동 남발'로 받아들여질 수 있어 주의가 필요하다. 실제로 기업이 판매하고 싶은 제품을 팔기 쉽도록 지역 주민들을 포섭하기 위해 지역사회에 기여 활동을 전개하는 사례도 있다.

Win을 창출하지 못하고 실패한 사례 중 하나로 1960년대에 일어났던 '네슬레Nestle' 불매운동을 들 수 있다. 네슬레는 개발도상국의 병원에서 분유를 무상으로 배급했다. 그러나 지속적인 구매력의 결여와 분유 수유로 인한 모유 분비의 부족, 비위생적인 상태에서 제조된 분유로 인한 유아 발병 등이 발생해 불매운동으로 확대되었다.

이는 지역사회가 아니라 기업의 이익만을 생각한 기업 중심의 활동이라고 할 수 있다. '흑심이 빤히 보이는 행위'는 언젠가 들통이 나게 마련이고, 들통이 났을 때 기업에 대한 신뢰도는 끝도 없이 추락하고 만다.

그렇다면 어떤 방식으로 해야 기업에게도 Win이 되돌아오고 지역사회에도 Win을 창출할 수 있을까? 가장 확실한 방법은 지역사회가 원하는 것 즉, 욕구를 정확하게 파악하고 어떻게 하면 그들을 행복하게 만들 수 있는지를 '함께 생각하는 일'이다. 또한 그들의 욕구를 중장기적인 관점에서 바라보면 Win에 지속성을 더할 수 있다.

'룸투리드'가 창출한
'내일의 리더'

이를 의식적으로 수행하고 있는 단체로 미국의 NPO인 '룸투리드

Room to Read'를 살펴보자.

룸투리드의 활동 목표는 아프리카나 아시아의 빈곤 지역에서 모든 아이들이 초등교육을 받을 수 있도록 하는 것이다. 큰 활동 중의 하나는 지원 지역의 학교에 책으로 가득 찬 도서관을 설치하는 것이다. 그들은 지금까지 책을 만져볼 수 없었던 아이들에게 독서를 통해 지식을 쌓는 즐거움과 공부하는 즐거움을 가르치고 있다.

이 활동은 존 우드 대표가 여행 중에 방문했던 네팔의 한 학교에서 겪었던 일이 계기가 되었다. 책 한 권 없이 텅텅 빈 도서관을 보고 놀란 그가 교장에게 그 이유를 물었다. 그러자 '책을 구입할 돈이 없기 때문'이라는 대답을 돌아왔다. '책이 없으면 아이들을 교육시킬 수 없고, 교육을 받지 못하면 결국 빈곤에서 벗어날 수 없다'는 교장의 말에 충격을 받은 존 우드는 마이크로소프트의 간부 자리를 버리고 룸투리드를 설립했다. 그것이 2000년의 일이다.

예전에 존 우드를 인터뷰할 기회가 있어서 "의료도 아니고, 식량도 아니고, 빈곤도 아닌 '아이들의 독서 경험과 초등교육'에 주목하신 이유가 무엇인가요?"라는 질문을 던진 적이 있다.

존 우드의 대답은 매우 명쾌했다.

"교육은 모든 것의 근본이고, 교육의 결여는 결과적으로 건강과 빈곤 문제를 일으킨다고 생각하기 때문입니다. 특히 여성 교육은 지역사회 전체에 미치는 영향력이 매우 크죠."

그는 초등교육은 지역사회의 밝은 미래를 약속한다고 강조하며 다음과 같이 덧붙였다.

"오늘의 리더(독자)는 내일의 리더(지도자)라고 믿는다We believe today's readers are tomorrow's leaders."

2010년에 룸투리드는 1만 번째 도서관을 건립했다. 신기하게도 그곳은 처음으로 도서관을 설립했던 네팔의 한 마을에 있는 학교였다. 개관식은 현지 사람들이 참석한 가운데 성대하게 치러졌고, 존 우드는 교장을 비롯한 지역사회 사람들로부터 진심 어린 감사와 따뜻한 축복의 인사를 받았다. 이런 경험은 존 우드에게도 '이 일을 하길 잘 했다'는 보람을 느끼게 하는 특별한 것이었고, 이 활동을 계속 이어나가는 원동력이 되었다고 한다.

그는 진정한 의미에서 지역사회의 욕구를 파악하고 기여해서 감사의 인사를 받았고, 그것이 자신에게 되돌아오는 Win을 창출했다고 할 수 있다.

본업에서의 이익과
지속가능의 양립

여기서 오해해서는 안 되는 것이 있다. 욕구를 파악한다고 해서 지역사회의 욕구를 그대로 실현시킬 필요는 없다는 점이다. 만일 TFT가 '도로가 필요하다고 하니까 도로를 만들자'고 한다면 이는 본업에서 동떨어진 활동이다. 그리고 만일 도로를 만든다면 '식량문제 해결에 도움이 된다'는 이유로 기부해 준 사람들에게 기부금 사용 용도의 필연성을 설명할 수 없다.

기업은 말할 것도 없고, 본업과 관련된 어떤 활동을 통해서 지역사회에 기여할 수 있는지를 서로 논의하면서 함께 모색해야 지역사회로부터 진심 어린 감사의 인사를 받을 수 있고, 기업에게도 이익 우선형이 아닌 시장 창출을 가능하게 한다. 이는 명백한 사실이다.

아프리카에 가면 이런 이야기를 자주 듣는다. 최근에 효과가 좋은 유명한 약도 싼값의 제네릭 약품generic medicine(카피약)이 나돌기 시작하면서 예전보다 약을 쉽게 구할 수 있게 되었다. 그러나 처방을 정확히 내릴 수 있는 사람이 없어서 복용을 해도 증상이 개선되지 않거나 복용을 꺼리는 등 예전과 동일한 병으로 고생하는 사람이 여전히 많다고 한다. 같은 약이라도 병의 진행 정도나 증상 단계에 따라 용량과 복용 기간이 다른 법인데, 전문인력이 부족하다 보니 어렵사리 특효약을 손에 넣었어도 제대로 활용하지 못하고 있는 것이다.

그렇다면 이렇게 생각해 보는 것은 어떨까? 예를 들어 약을 판매하는 제약회사가 마을에 약사를 육성하는 학교를 세우거나 병원을 세우면 어떨까? 약이 본래의 용도대로 제대로 사용되어 환자의 치유율이 높아지고 더 많은 약이 잘 팔리는 선순환이 일어난다면 일단 '비즈니스상의 이익'이 생기게 된다.

이뿐만이 아니다. 그 지역에서 일자리를 창출하거나 교육 수준을 높임으로써 지역사회에 기여할 수도 있다. 또한 그 과정에서 병원에 필요한 다른 약이 팔릴지도 모른다. 그리고 그 지역 특유의 질병에 대한 치료약의 욕구를 파악해 연구 개발의 거점이 될 수도 있다. 지역사회에 Win을 창출하면서 새로운 시장을 만들고, 이를 비즈니스로 이어나가는 것이 충분히 가능하다는 얘기다.

지역사회에서 Win을 창출하는 것에 대해 진지하게 생각하는 것은 장기적인 관계를 유지해 나가는 것을 의미한다. 최근 들어 '지속 가능한' 이라는 말이 자주 거론되고 있다. 이는 단기간에 많은 장소에서 많은 상품을 판매하는 종래의 수익 창출 개념과 반대되는 것처럼 보인다.

하지만 조금 전에 살펴본 제약회사의 사례를 떠올려 보면 지속가능성을 담보로 상품을 판매하는 방식이 가능하고, 향후 지역사회에 Win을 창출하면서 시장 진출을 이루는 것이 사람들의 지지를 얻을 수 있지 않을까? 이는 내가 아프리카에서 보고 들었던 현지인들의 의견과도 부합된다.

지역사회에 Win을 창출한 것이 비즈니스의 Win으로 되돌아오는 순환이 형성되는 것이다.

지역사회의 Win을
기업로 되돌아오게 하는
'스토리 만들기'

이번 장에서는 지역사회의 Win에 대해 살펴보았는데, 어쩌면 '우리 회사의 비즈니스를 통해 세상이 좋아진다면 더 바랄 것이 없겠지만, 이것은 이상론일 뿐이다. 오히려 정부나 NPO가 해야 하는 일 아닌가?' 하고 생각하는 사람도 있을지 모른다. 물론 지역사회 전체에 Win을 창출하지 않아도 비즈니스는 성립된다. 지금까지 세계적으로 성공을 이룬 기업 중에는 지역사회의 Win을 전혀 염두에 두지 않은 기업도 많기 때문이다.

하지만 나는 지역사회에 Win을 창출하는 것이 정부나 NPO만이 해야 할 일은 아니라고 생각한다. 비즈니스 상의 이익이라는 관점을 떠나서도 향후 기업에게 점점 더 요구되는 활동이라고 생각하기 때문이다.

사회문제에 직접 참여한
스미토모화학

아프리카에 가면 '사사가와笹川'라는 말을 자주 듣는다. 사사가와 아프리카 재단이 소규모 농가를 위해 몇 십 년 동안 교육과 기술을 제공한 결과, 자그마한 마을의 사람들이 재단의 이름을 외우게 됐고, 오랫동안 그 단체를 사랑하는 팬이 된 것이다.

이 단체를 당신이 근무하는 회사라고 상상해 보자. 가슴이 두근두근 뛰지 않는가? 지역 주민들에게 사랑받는 회사에서 일하는 기분을 느껴 보자. 이렇게 기업을 사랑해 주는 지역이 세계 각국에 무수히 많이 존재한다면 누구라도 그 회사에서 일하고 싶을 것이다.

'스미토모화학住友化學'이 바로 그런 회사다. 이 회사는 아프리카의 최대 문제인 말라리아를 예방하기 위한 모기장을 생산하고 있다. 그런데 일본에서 생산하는 것이 아니라 탄자니아의 한 지역 기업과 제휴를 맺고 현지에 생산 공장을 건설하여 그곳에서 생산하고 있다. 즉, 말라리아를 예방할 뿐만 아니라 현지에 귀중한 일자리를 창출하고 있는 것이다.

이런 노력이 열매를 맺어 말라리아의 이환율은 크게 감소되었고 탄자니아와 동아프리카 사람들 중에는 스미토모화학의 팬이 된 사람도 많다. 그리고 내가 만났던 스미토모화학의 직원들은 '자신들이 아프리카 사람들을 구했다'는 자부심을 갖고 있었고 그들의 눈빛은 초롱초롱하게 빛나고 있었다.

이처럼 기업이 사회문제 해결에 참여하는 것은 결과적으로 자사에 Win을 창출하는 일로 이어진다.

자연 자원은
무한정 쓸 수 있는 게 아니다

그런데 왜 지금 이와 같은 활동을 기업이 해야 하는가? 제2차 세계 대전 이후에 선진국이 소비형 경제로 성장을 이룬 결과 삼림과 물, 석유, 천연가스, 광물 등의 자연 자원이 크게 감소했고 최근에는 고갈 위험성까지 거론되고 있다. 이 같은 에너지의 고갈은 생각보다 빨리 현실로 다가올 수도 있다. 선진국에 사는 사람들 중에는 재활용과 절약 등 자연과 환경에 대한 개인적인 의식이 높은 사람이 많다.

한편 개발도상국은 어떤가? 그들도 풍요로운 생활을 누리기 위해 경제 성장을 이루려고 한다. 하지만 선진국이 걸어온 동일한 방식으로는 자연 환경과 자원에 대한 부하를 악화시킬 것이 불 보듯 뻔하다. 그리고 이런 악영향은 선진국에도 파장을 미칠 것이다.

그렇다고 그들에게 '경제 성장을 이루지 말라'는 것은 이기적인 주장이다. 실제로 어느 국제 회의장에서 개발도상국이 선진국의 '이기적인 주장'을 규탄하는 장면이 보도된 적이 있다.

그렇다면 우리는 제한된 자원과 환경을 지키기 위해서라도 지금까지와 다른 경제 성장 방식과 자원 활용 방법에 대해 지혜를 모으고 개발도상국과 '함께 생각'해야 하는 것은 아닐까? 이는 제한된 자원을 서로 평등하게 분배하고 이해하고 공존하자는 개념이다. 특히 기존 자원의 대체 에너지와 에너지 절약에 관한 기술을 보유한 기업은 이런 활동에서 큰 힘을 발휘할 수 있을 것이다.

스미토모화학과 사사가와재단의 사례에서 알 수 있듯이 개발도상국 사람들은 '이기적인 주장'을 강요하지 않고 함께 성장하는 방법을 생각하는 기업의 모습을 지켜보고 응원해 준다.

공감을 이끌어내는
'스토리'를 전한다

이제까지 수평적 파급력과 수직적 파급력을 창출하면서 지역사회에 Win을 창출하는 이야기를 해왔다. 이미 이와 같은 Win을 실현하고 있는 기업이 많지만 그래도 '안타까운 마음'이 드는 것이 있다.

많은 기업이 이미 본업을 통해 사회에 기여하고 있지만 유럽과 미국의 기업에 비하면 현지에서의 존재감이 턱없이 낮은 경우가 많다. 예를 들어 최근에 사회문제로 수자원이 크게 다뤄지고 있는데, 일본 기업 중에도 개발도상국의 수자원 문제를 지원하는 곳은 많다. 하지만 기업의 인터넷 홈페이지에 접속해야 그런 정보를 얻을 수 있지, 그 외에는 정보를 얻기 어려운 실정이다. 실제로 어떤 기업이 어떤 지원을 펼치고 있는지 금방 떠올릴 수 있는 사람은 얼마 안 될 것이다.

또한 정보를 얻어도 '좋은 일을 하고 있다'는 의식을 갖게 될 뿐 실제 구매로까지 이어지지 않고 있다. 결과적으로 큰 규모로 전개하기 어려워 지원 규모도 좀처럼 커지지 않는 것이 현실이다.

그렇다면 유럽과 미국의 기업은 어떨까? 일례로 '다논Danone'이 판매하는 미네랄워터 '볼빅'의 '원 리터 포 텐 리터1l for 10l'라는 캠페인을 살펴보도록 하자. 2007년에 시작된 이 캠페인은 제품 매출의 일부를 아프리카의 식수 확보를 위한 우물 조성과 유지보수에 기부하는 활동이다. '당신이 마신 그 물이 아프리카 사람들의 식수 확보로 이어진다'는 제품과 고객, 지역사회를 연결하는 매우 간단하고 알기 쉬운 스토리로, 소비자들의 기억 속에 쉽게 남는다.

이 캠페인은 블로그 등과 같은 소셜 네트워크를 포함해 입소문을 타고 널리 퍼져 매출이 34퍼센트나 신장됐다고 한다(2007년 7, 8월의 전년대비). 이 사례를 통해서 우리는 '스토리'가 갖는 영향력과 그것을 받아들이는 사람들에게 공감을 얻는 일의 중요성을 알 수 있다.

'타인을 돕고 싶다'는 직원들의 신념, '보다 살기 좋은 세상을 만드는 데 한몫하고 싶다'는 기업의 비전이 있다면 지역사회의 공감을 얻는 스토리 만들기는 어려운 일이 아니다. 그리고 그런 스토리를 공유함으로써 기업과 지역사회가 연결된다면 더 많은 Win이 창출될 것이다.

Company · Customer · **Community** · Contributor · Cooperator

무엇을 위해 신흥국에
진출한 것인가를 되묻는다

하시모토는 '인도 진출의 성패가 향후 쓰치다 농기계의 신흥국 전략을 결정한다. 그렇기 때문에 매출을 올려야 한다'고 생각했다.

한편 스즈키는 인도 진출을 '생명을 소중히 여기는 기업'에 입사해서 사회에 기여할 수 있는 기회라고 생각했다. 이 두 사람이 그린 '전체적인 목표'의 차이점이 가장 극명하게 드러나는 것은 시장과 지역사회에 대한 생각이라고 할 수 있다.

다만 생명을 소중히 여기는 쓰치다 농기계의 비전, 이모작을 가능케 한 제품의 개발, 제품을 구매할 수 있게 도와주는 대출 제도 등을 살펴보면 '필드 미니'와 함께 인도로 건너간 쓰치다 농기계의 해외 진출 전략의 밑바탕에 '보다 편리한 농경 작업과 생산 증가를 지원하자. 이를 통해 현지 지역사회에 기여하자'는 의도가 깃들어 있는 것은 틀림없다.

그렇다면 나오코가 지적한 '하려는 것은 좋지만 구체적인 방법에 문제가 있다'는 의견은 귀 기울일 만한 가치가 있다고 할 수 있다.

'완성도'를 통해
'무엇을 어디까지' 할 수 있는지 명확하게!

쓰치다 농기계가 지역사회에 Win을 창출하는 상태는 무엇일까? 아마도 마을의 한 농가에 트랙터 한 대는 무리겠지만 쓰치다 농기계의 트랙터가 보급되어 이모작이 가능해지고, 수확물이 순조롭게 사장에서 거래되어 농가에 현금이 들어오고, 타지로 나가 돈을 벌어올 필요가 없어진 상태일 것이다.

이 상태를 실현시키기 위해서는 분명 '소액대출을 이용해서 트랙터를 판매한다'는 전략 이상의 것이 필요하다. 어떤 방법을 활용하면 Win을 창출하는 상태에 보다 가까이 다가갈 수 있을지를 생각하는 것이 지역사회에 Win을 창출하는 첫 걸음이 될 것이다.

이 점만 명확히 한다면 농업 및 농기계에 대한 풍부한 지식과 실적을 갖춘 쓰치다 농기계야말로 인도의 농촌 마을에 기여할 수 있는 다른 무언가를 찾을 수 있을지도 모른다.

물론 이 모든 방법을 쓰치다 농기계가 실행할 필요는 없다. 하지만 이를 명확히 하는 것은 지역사회에 Win을 창출하기 위한 구체적인 '완성도'를 그리는 일이고, 기업이 '무엇을 어디까지' 할 수 있는지 그 수준을 측정할 수도 있다. 그리고 '기업이 할 수 있는 것'의 수준을 높여 나감으로써 더 많은 비즈니스 기회를 창출할 수도 있다. 이로써 지역사회에 Win을 창출하는 것이 기업의 Win을 창출하는 일로 이어진다.

Contributor

투자자에게 Win을 창출한다

– '사회적 영향력'이라는 '환원'을 창출할 수 있는가

투자자를 행복하게 만들 수 있는가

주주가 되는 것과 기부하는 것

"A사의 작년도를 되돌아보면 사업 확대와 함께 이익도 큰 폭으로 신장되어 배당금도 당초 계획을 넘어설 것으로 보인다. 또한 주가 상승도 예상된다."

경제신문에서 이런 기사를 봤다고 하자. 당신이 그 기업의 주주라면 "야호!" 하며 탄성을 질렀을 것이다. 그리고 '이 회사의 주식을 사둬서 다행이다. 앞으로도 주식을 계속 보유하고 이 기업을 응원해야겠다'고 생각할 것이다.

그러면 이런 이야기는 어떤가? 어느 날 기부한 NPO에서 공지사항이 날아왔다. 공지사항에는 이렇게 적혀 있다.

"보내주신 기부금으로 캄보디아의 농촌 마을에 식수 여과장치를 500대 구입해서 배포했고, 이를 통해 마을 사람들의 생활이 크게 개선되고 있다. 지금까지 물을 긷는 데 들였던 시간을 공예품 제작에 할애하고 있고, 이는 마을의 새로운 수입원이 되고 있다."

당신이 NPO에 기부한 사람이라면 '좋은 일을 했구나. 잘 됐다!'라고 생각하며 분명히 기뻐할 것이다.

얼핏 보면 전혀 다른 성질의 이야기 같지만 조직의 측면에서 살펴보면 공통점을 찾을 수 있다. 두 가지 이야기가 모두 투자자를 행복하게 만들고 있다는 점이다. 기업의 주주가 되는 것과 NPO에 기부하는 것은 동기도 다르고 자신에게 환원되는 것의 성질도 전혀 다르다. 하지만 '조직에 투자해 준 사람'에게 Win을 창출하는 것에는 차이가 없다.

또한 최근에는 기업에 투자하는 것과 NPO에 투자하는 것의 차이가 점차 사라지고 있기도 하다. 주주의 경우에 '사회에 도움이 되는 기업'에 출자해서 사회에 기여하고 싶다고 생각하는 사람들이 늘고 있고, NPO에 기부한 사람들도 막연하게 '좋은 일을 했다'고 생각하는 것이 아니라 자신이 투자한 기부금이 구체적으로 어떤 영향력을 낳는지 명확한 결과를 요구하는 경우가 늘고 있다.

이번 장에서는 종래의 환원 방법 이외의 다른 방법으로 주주나 투자자에게 보답하면서 Win을 창출하고 그것이 결과적으로 기업과 지역사회에 Win의 거듭제곱을 확대시키는 것을 제시하고, 어떻게 하면 Win의 거듭제곱을 구현할 수 있는지 이야기하고자 한다.

이익 창출만으로는
만족할 수 없다

사람들은 왜 특정 기업의 주식을 사려는 것일까? 물론 배당금 등의 금전적인 이익이 제일 큰 이유겠지만 최근에는 '그 기업이 좋으니까', '그 기업을 응원하고 싶으니까' 등의 이유로 주식을 사는 사람도 많다고 한다. 그리고 이런 주주들은 기업 실적이 부진해서 배당금이 없는 기간이 계속되더라도 주식을 팔지 않는다고 한다.

이와 반대로 '사회적 책임을 다하지 않으니까', '경영자를 존경할 수 없으니까' 등의 이유로 비난을 받은 기업이 결과적으로 시장에서 버림받는 경우도 있다.

경영 파탄으로 내몰렸던 사례로 미국의 에너지 관련 기업인 '엔론 Enron'을 들 수 있다. 엔론은 2001년에 파산 신청을 했는데, 손실 은폐 의혹에서 비롯된 일련의 소동이 주가 하락을 초래했고, 타사의 구제 매수까지 거론되었으나 시장의 지지를 받지 못하고 결국 도산하고 말았다. 기업이 이익을 창출하고 금전적인 환원만 하면 주주는 만족할 것이라는 전제는 이제 더 이상 성립되지 않는다고 할 수 있다.

무형의 가치나 경험도
금전적인 환원만큼 중요하다

그렇다면 투자자는 무엇을 기대하고 기업에 투자하는 것일까? 최근에는 '그 기업이 좋다'는 이유 외에 '주주를 우대해 준다'는 이유를 자주 듣게 된다. 실제로 투자보다 오히려 기업의 팬을 만드는 방법이라 해도 좋을 '주주우대'를 제공하는 기업이 화제를 모으고 있다.

그런 사례로 '에이벡스Avex' 레코드와 케첩으로 유명한 '카고메 KAGOME'라는 기업을 들 수 있다. 에이벡스는 소속 아티스트들이 출연하는 주주 한정 라이브 콘서트를 개최하고, 카고메는 주주를 대상으로 건강 증진 세미나와 요리교실을 열고 있다.

이 같은 활동의 배경에는 투자를 하는 사람과 투자를 받는 사람 또는 주식을 팔고 사는 단순한 금전적인 관계를 뛰어넘어서 투자자가 기업의 제품과 서비스, 사업내용을 보다 깊이 이해하게 함으로써 '감정적인 관계'를 구축하려는 의도가 있다. 실제로 카고메에서는 주주를 '팬 주주'라고 부른다.

이를 통해 주주와 장기적인 관계를 구축하고 안정된 환경 속에서 사업 활동을 전개하고 싶은 것이 기업의 바람일 것이다. 적대적 매수나 투기 목적으로 주식을 대량으로 매입하는 공포에 노출되는 것이 일상다반사인 기업 경영에서, 자신들의 사업을 진심으로 이해해 주는 사람들이 주주가 됨으로써 장기적인 관점에서 사업을 지킬 수 있는 환경이 만들어진다면 안심하고 사업 경영에 집중할 수 있을 것이다.

덧붙여 말하자면 '장기적으로 그 회사의 주식을 보유하고 싶다'고 생각하는 투자자가 늘어나는 만큼 기업의 가치는 높아진다. 당연한 일이지만 이는 매우 중요하다.

이런 주주들과 감정적인 관계를 구축하기 위해서 최근에는 이익이나 배당의 일부를 사회기여 활동을 펼치는 NPO나 재단에 기부하는 기업도 나타나고 있다.

예를 들어 화물운송업체인 '야마토Yamato'는 일본 대지진의 피해지역에 '택배 1개당 10엔'을 기부한다고 발표했다. 그런데 발표가 나자마자 개인 예금을 운용하고 안정적인 금전 환원을 바라던 기관 투자자들이 달려들어 '주주 대표 소송이라는 리스크를 생각해 봤느냐'며 규탄했다고 한다. 그런데 실제로 주주총회에서 이 같은 기부활동이 소개되자 엄청난 갈채가 터져 나왔다고 한다.

이렇게 최근에는 주주들도 금전적인 환원이 아니라 무형의 가치나 경험을 바라는 경향이 있다. 기업의 CSR 활동이 주목받고 있는 요즘, '친환경 제품을 만든다', '사회기여에 힘을 쏟고 있다'는 것이 충분히 투자의 이유가 될 수 있다.

이처럼 기업이 사회에 미치는 영향력이나 사회문제를 해결하려는 활동에 대한 투자를 '임팩트 인베스트먼트Impact Investment'라고 한다.

'임팩트 인베스트먼트' 흐름에서 바라본 두 가지 전략

NPO에서
'Contributor의 Win'이란?

'임팩트 인베스트먼트'는 그 시장이 향후 10년 동안 4천 억 달러에서 1조 달러로 크게 성장할 것이라는 예상만큼 주목받고 있는 투자 방법 중 하나다.

'사회에 영향력을 미치고, 보다 나은 사회를 만들기 위한 투자'라는 점에서 NPO 투자(기부)와 임팩트 인베스트먼트에는 공통점이 있다. 실제로 두 가지 모두 투자한 사람들이 '좋은 투자를 했다'고 만족하는 것 즉, Win을 창출하는 데는 다음의 두 가지 포인트가 있다.

첫 번째는 눈에 보이는 형태로 명확하게 성과를 측정하고 결과를 투자자에게 명시하는 것이다. 기업에 투자한 주주가 금전적인 환원을 바라듯이 NPO에 투자한 기부자도 '기부(투자)했으니까 자신이 기부한 돈이 어떤 이익과 영향력을 낳았는지 보고 싶다'고 생각하는 것은 당연한 일이다.

하지만 NPO가 해결하고자 하는 사회문제는 하루아침에 이룰 수 없고, 개선도 서서히 일어나는 경우가 대부분이다. 그래서 '이번 분기에는 이만큼의 성과를 냈다'며 성과를 측정하거나 발표하는 것은 어려운 일이다. 또한 숫자로 나타낼 수 있는 성과만을 쫓다 보면 장기적인 비전을 잃어버리는 경우도 있다.

수치화할 수 있는 성과를 투자자에게 공개하면서 이와 동시에 장기적인 목표도 이해시키고 공감을 얻는 것, 이 두 가지를 균형 있게 잘 이뤄나간다면 지속성 있는 Win을 창출할 수 있다.

두 번째는 '이 단체를 응원하고 싶다', '투자하는 것이 즐겁다, 멋진 일이다'라는 생각이 들도록 브랜드를 만드는 것이다. 주주가 기업에 투자하는 이유가 변화하고 있는 것과 같은 맥락이다. NPO에 기부하는 투자자도 '세상을 위해 좋은 일을 하고 있다'는 이유만이 아니라 '이 활동에 참여하는 것이 즐겁고 멋진 일이다'라는 이유에서 투자하는 경향이 나타나고 있다. TFT를 도와주러 오는 사람들만 봐도 이런 경향은 분명하게 드러난다.

'세상을 위해 좋은 일을 한다'는 것과 '멋진 일이고 즐겁다'는 것이 마치 상반되는 개념처럼 느껴질 수도 있다. 하지만 기업이 제품의 기능만이 아니라 브랜드를 통해 고객을 만족시키는 것과 마찬가지로, NPO에서도 사람들이 참여하고 싶은 마음이 생기는 브랜드를 만드는 것이 매우 중요하다. 그리고 그것이 투자자에게 Win을 창출하는 일의 일부를 담당한다.

그렇다면 NPO는 이 두 가지 포인트를 어떻게 극복하고 투자자에게 Win을 창출하고 있는지 구체적으로 살펴보도록 하자.

성과를 눈에 보이는 형태로 만든다

NPO의 경우는 '성과=사업이익'으로 생각하지는 않는다. 투입한 돈이 어느 정도의 영향력을 가지고 사회문제 해결에 기여했는지가 성과인데, 앞서 언급했듯이 어떤 관점에서 성과를 측정할지 그 판단이 어려워 수많은 NPO가 고민하고 있다.

TFT의 경우에는 알기 쉬운 성과지표로 아프리카의 아이들에게 전달한 '급식 수'가 있다. 이 수치는 상당히 중요한 지표다. 하지만 TFT의 미션인 '식량 불균형과 빈곤 문제의 해결'에 비추어 보면 급식 수만으로는 이런 것들을 명확하게 나타낼 수 없다는 것을 잘 알 수 있다.

급식을 먹기 위해 아이들이 학교에 다니기 때문에 상승한 취학률,

취학했기 때문에 상승한 고등교육 진학률, 상급 학교에 진학했기 때문에 상승한 취업률 등 제공한 급식 수를 시작으로 장기적인 관점에서 성과를 측정해야 비로소 TFT가 주목한 사회문제 해결에 영향력을 미쳤다는 것을 알 수 있다.

즉, 단기적인 관점과 장기적인 관점에서 성과를 측정한 두 개를 합쳐서 명시하는 것이 임팩트 인베스트먼트에서는 매우 중요한 열쇠가 된다. 하지만 장기적인 관점에 서서 성과를 객관적으로 측정하는 것은 결코 쉬운 일이 아니다. 그럼에도 불구하고 조금이라도 그런 성과를 수치화해야 하기 때문에 적극적으로 성과지표를 개발하고 있는 곳이 앞에서 언급했던 어큐맨펀드다.

어큐맨펀드가 중시하는
두 가지의 성과지표

미국에 본부를 두고 있는 어큐맨펀드는 '펀드'라는 이름대로 벤처 비즈니스에 투자하는 NPO다. 단, 투자 대상이 되는 비즈니스가 빈곤으로 고통받는 지역의 사회문제 해결이나 생활의 질 개선으로 이어지는 것을 신중하게 선택한다. 그리고 그 성장을 금전적인 측면에서, 때로는 경영적인 측면에서 지원하는 것을 목적으로 삼는다.

또한 통상적인 투자 펀드라면 금전적인 환원만을 추구하지만 어큐맨펀드는 여기에 더해 리스크를 허용하면서 긴 시간을 들여 달성할 수 있는 사회적 영향력이라는 환원을 중시한다. 그들의 투자가 '페이션트 캐피탈Patient Capital(인내심 강한 투자)'이라고 불리는 것은 이 때문이다.

어큐맨펀드의 구체적인 투자처는 수자원, 에너지, 주택 등 주로 생활 인프라에 관련된 비즈니스를 전문으로 하는 기업이 많다. 왜냐하면 어큐맨펀드가 지원하려고 하는 아시아나 아프리카의 빈곤 지역에는 이런 공공 서비스조차 정비되어 있지 않은 곳이 많고, 이러한 서비스가 도입되는 것만으로도 생활의 질이 현저하게 향상되는 경우가 많기 때문이다. 그 밖에 건강보험이나 교육, 농업 분야에 투자하기도 한다.

또한 이들은 투자처를 선택할 때 기업이 본업을 통해 지역생활 향상에 기여하고 있는 것만으로는 만족하지 않는다. 일자리 창출이나 업종 훈련의 기회를 제공하는 등 기업의 존재 자체가 사회에 기여하는 경우를 신중하게 선택해서 투자에 대한 사회적 영향력을 최대화한다.

어큐맨펀드가 사회적인 영향력을 측정하는 기준은 영향력을 받는 사람의 수와 창출되는 고용의 수, 두 가지다. 이는 어큐맨펀드가 비즈니스 투자를 통해 빈곤을 해결하려는 이유 중 하나이기도 하다. 비즈니스에 투자하고 성장을 꾀하면 같은 자본으로 보다 많은 영향력을 낳을 수 있다는 생각에 기초한 것이다. 따라서 투자처의 비즈니스가 제공하는 서비스를 통해 몇 명이 혜택을 받았는지를 파악하는 일은 매우 중요하다.

사실 어큐맨펀드가 투자처로 선택하는 비즈니스는 '100만 명에게 전달될 가능성이 있는 또는 비즈니스가 10배에 달하는 규모로 확대되는 것을 기대할 수 있는 것'을 하나의 기준으로 삼고 있을 정도다. 또한 후자의 고용에 대해서는 투자처의 비즈니스가 낳은 직접적인 고용만이 아니라 거래처가 낳은 간접적인 고용도 측정하고 있다.

이 두 가지를 기초로 농업 분야라면 한 세대당 수입증가액, 에너지 분야라면 서비스를 통해 그 지역에 생겨난 생산성 상승률과 탄소상쇄 carbon offset 등 업종별 지표를 활용해 영향력을 꼼꼼하게 측정하고 수치화한다.

어큐맨펀드와 같이 치밀한 성과 측정 기준을 가진 단체는 드물다. 게다가 이들조차 빈곤 해결이라는 장기적인 성과를 측정하는 방법에서는 아직 시행착오를 겪고 있다. 하지만 투자의 정당성을 설명하고 투자자에게 신뢰를 얻어 좋은 관계를 유지하기 위해서라도 이러한 성과 측정과 공유는 추진되어야 하기 때문에 계속 발전할 것이다.

모든 수단을 동원해서
'팬'을 만들자

다음으로 NPO의 브랜드 만들기에 대해 살펴보도록 하자.

'선행은 숨어서 해야 한다'는 것은 미덕이고 훌륭한 생각이다. 하지만 말은 그렇게 해도 인간의 속마음은 그렇지 않다. '좋은 일을 하고 있다'는 것을 친구나 지인에게 알리고 싶고, "멋진 일을 하고 있구나!" 하는 칭찬을 듣고 싶은 것은 인간이면 누구나 갖는 생각이다.

이런 점을 잘 활용하고 있는 것이 프로젝트 '프로덕트 레드Product Red'다. (프로덕트 레드의 구조에 대해서는 뒤에서 자세히 설명하겠다.) 이 프로젝트 참여 기업 중 하나인 '아메리칸 익스프레스American Express'는 신용카드 사용액의 일부를 에이즈 등의 감염질환 퇴치에 노력하는 글로벌 펀드에 기부하고 있다. 그리고 이를 승인한 회원에게는 프로젝트 이름대로 빨간 아메리칸 익스프레스 '레드카드'를 발행하고, 레드카드 멤버만 초대하는 특별 이벤트 같은 특전도 제공하고 있다.

그 결과 레드카드를 지갑에 살짝 끼워 놓는 것이 미국과 유럽의 부유층 사이에서 골드카드나 플래티늄카드를 소지하는 것 이상의 사회적 지위를 나타내게 되었다고 한다.

에이즈 퇴치 등의 사회문제 해결은 오랜 시간이 걸리고 금세 성과가 나타나지 않는다. 그래서 더 장기적인 사업 투자 자금이 필요하고, 이를 위해서 '브랜딩'을 통해 투자자를 팬으로 만들고 있는 것이다.

10년을 투자해 브랜딩에 성공한
'공정무역'

특정 형태로 나타나는 환원을 제공하기 어려운 NPO에게 '브랜딩'

은 성과 측정을 명시하는 동시에 투자자에게 Win을 창출하는 중요한 포인트가 되고 있다. 성공한 NPO에서는 활동에 참여하는 라이프 스타일을 '좋은 것'으로 이미지화해서 참여하는 것에 특별함과 설렘을 갖게 하는 방법을 활용한다. 이를 통해 투자자를 팬으로 바꿔 나가는 것이다.

지금은 이미 상식이 된 공정무역 제품도 브랜딩을 통해 '팬 만들기'를 추진한 좋은 사례라고 할 수 있다. 10년 전만 해도 '공정무역? 그게 뭐야?'라고 생각하는 사람이 많았다.

공정무역이 널리 알려진 배경에는 공정무역 제품 인증기관이 있다. 이들은 공정무역 운동을 강력하게 추진하면서 공정무역 기준을 만족한 제품에 인증 라벨을 부여했다. 그리고 이를 통해서 '공정무역 제품을 구입하는 것은 멋진 일이다'라는 공통 인식을 만들었다. 그 결과 지금처럼 공정무역 제품이 자연스럽게 팔리는 세상이 된 것이다.

정보공유로 창출되는
참여의식

또한 앞서 언급했던 어큐맨펀드도 지속적으로 투자자를 모집하고 그들과 좋은 관계를 유지하기 위한 활동과 노력을 게을리 하지 않고 있다. 어큐맨펀드의 경우에는 투자자를 두 개의 그룹으로 나누고 각각에게 적합한 활동을 추진하고 있다.

첫 번째 그룹은 경제적으로 여유가 있는 범위에서 기부하는 개인들이다. 이들은 어큐맨펀드의 홈페이지나 세계 각국에 있는 11개의 '챕터'라 불리는 자원봉사 지원그룹을 통해서 기부하고 있다.

어큐맨펀드는 이들 개인 투자자들과 홈페이지나 SNS 등을 통해 정기적으로 투자처의 비즈니스 상황이나 투자한 성과 등의 정보를 공유하고 있다. 또한 각 챕터에서는 독자적으로 파티나 자선 활동, 스터디 등을 마련하고 있고, 이를 통해 참여의식을 함양하고 '팬 만들기'를 실천하고 있다.

두 번째 그룹은 '파트너'라고 불리는 큰 규모의 투자자들이다. 어큐맨펀드는 이들과 정보공유를 좀 더 자세히 나누고 있는데, 4분기마다 투자처 상황 리포트를 발행하는 것은 물론, 어큐맨펀드의 멤버나 투자처 기업가의 프레젠테이션, 전화 회의, 연차 총회 등을 개최하고 있다. 이렇게 펀드의 투자 상황이나 방침을 공유하고 이와 동시에 일체감을 형성하면서 좋은 관계를 구축하고 있다.

이렇게 투자자의 속성에 따라 세세하게 커뮤니케이션 방법을 바꾸면서 '팬'을 확보하고 보다 강한 '브랜드'를 만들고 있다.

몇 가지의 사례를 살펴보았는데, NPO에서는 성과 측정과 브랜딩을 두 개의 축으로 투자자에게 Win을 창출하는 활동을 벌이고 있다.

CSR을
그저 그런 CSR로
끝내지 않기 위해서

주주도 '영향력'을
원하고 있다

최근에는 기업의 CSR 활동이 활발하게 일어나고 있다. NPO 입장에서는 기업이 그들의 지식과 자금을 사회에 환원하려는 자세에 든든함을 느낀다.

실제로 내가 이야기하려는 기업의 CSR 담당자들 중에는 사회를 보다 나은 곳으로 만들기 위해 돕고 싶다는 마음이 절실한 사람이 많다. 개인적으로 TFT에 영입하고 싶을 정도다. 그리고 그들 대부분은 자신이 일하는 회사가 사회에 영향력을 미치는 활동을 하고 있다는 데 자부심을 느낀다.

한편 직원들의 이런 강한 바람에 대해 경영진은 CRS 활동을 어떻게 생각하고 있는지 살펴보면 기업에 따라 천차만별이다. 기업 총수가 '우리 회사는 이런 이념에 따라 사회에 기여하고 있다'고 생각하는 기업이 있는가 하면, 유감스럽게도 '친환경이든 뭐든 무언가 사회를 의식해서 행동하는 것이 사회적 흐름이니까 어쩔 수 없이 한다'는 속내가 훤히 들여다보이는 기업도 있다.

그렇다면 기업 밖에서 기업을 바라보는 주주는 어떤가? CSR 활동을 통해 기업이 사회에 영향력을 미치는 것은 많은 주주들이 간접적으로 임팩트 인베스트먼트를 하고 있는 것과 같다. 그런데도 많은 사람들은 아직도 이런 사실을 실감을 하지 못하는 것 같다.

앞서 보다 나은 사회를 만들기 위해서 자신의 돈을 투자하고 싶다고 생각하는 주주들이 늘고 있다고 언급했는데, 그렇다면 기업 측은 어떻게 그들에게 보답하고 Win을 창출하면 좋을까?

이런 회사에 돈을 투자하고 싶다

사람들이 임팩트 인베스트먼트나 NPO에 투자하는 것은 '세상을 바꾸고 싶다', '살기 좋은 세상으로 만들고 싶다'는 생각 때문일 것이다.

바로 지금 사회문제로 고민하는 사람들을 돕고 싶은 사람이 있는가 하면, 자녀가 있는 사람이라면 보다 나은 세상을 자녀 세대에게 남기고 싶은 마음도 있을 것이다.

기업에서 일하는 사람들이 일을 통해 누군가를 돕고 싶어 하는 것처럼 기업에 투자한 사람들도 사회에 기여하는 기업을 응원하고 싶어 한다. 기업을 둘러싼 모든 사람이 같은 생각이라면 기업이 주체적으로 보다 나은 세상을 만드는 일에 참여하는 것은 내적으로도 외적으로도 Win을 창출하는 일로 이어질 것이다. 이것이야말로 투자자를 팬으로 만드는 방법 중 하나다.

기업이라는 조직을 구성하는 것은 사회를 구성하는 한 사람 한 사람이다. 그런 모든 사람들이 갖고 있을 법한 '타인을 돕고 싶다'는 마음을 반영하면서 일하는 것이 사회문제 해결에 적극적으로 노력하는 기업을 만들고, 이것이 기업의 안과 밖에 Win의 거듭제곱을 창출한다.

임팩트 인베스트먼트를 실천하는
기린맥주와 가마쿠라투신

사회문제 해결에 적극적으로 노력하면 주주들에게 칭찬을 받고 투자하고 싶다고 생각하는 사람들이 더 많이 모여들 것이다. 당신은 이것을 꿈이라고 생각하는가? 화물운송업체 야마토가 했던 기부 활동은 야마토이기 때문에 가능했다고 생각하는가?

'기린맥주Kirin Brewery'의 이소자키 요시노리 사장은 한 인터뷰에서 기업 브랜딩에 대해 이렇게 말했다.

"기업의 자세를 보고 이 기업이라면 제품 구매에 지불한 돈을 사회문제 해결에 써줄 것 같다는 이유로 상품을 구매하는 소비행동이 앞으로 더욱더 강해질 것이다."

이소자키 사장은 사장으로 취임하기 전에 '기린홀딩스 Kirin Holdings'의 CSR 부장으로 근무한 이력이 있다. 이때의 경험을 통해 그는 젊은이들이 사회문제에 대한 관심이 높아졌고, 세계적으로 유명한 식품 기업이 이런 문제 해결에 힘쓰고 있다는 사실을 알고 있었던 것으로 보인다. 그는 기린맥주에서도 사회기여를 위해 노력하며 기업 브랜드를 닦아 나갈 생각이라고 한다.

또한 일본에도 임팩트 인베스트먼트를 실천하고 있는 펀드 운용 회사가 있다. 바로 '가마쿠라투신'이다. 이 회사는 '좋은 기업을 늘려 나가자!'라는 목표를 향해 '직원들과 가족, 거래처, 고객, 소비자, 지역사회, 자연과 환경, 주주를 소중히 여기고 지속적으로 풍요로운 사회를 만들 수 있는 기업'에 투자하는 공모형 투자신탁 운용과 판매를 하고 있다. 마치 이 책에서 전하고자 하는 5C에 기초한 Win의 거듭제곱을 실천하고 있는 듯하다.

투자신탁이기 때문에 금전적인 환원을 추구하는 것은 당연한 일이다. 하지만 가마쿠라투신에서는 투자처의 회사가 창조하는 지속적이고 풍요로운 사회, 그러한 가치를 낳는 회사에 투자함으로써 얻어지는 투자자의 정신적인 만족감도 '투자의 결실'이라고 생각한다. 따라서 투자처 중에는 지명도는 높지 않아도 사람을 소중히 여기고 순환형 사회를 형성하고 뛰어난 기술이나 기업문화를 가진 기업이 많다.

그들의 신념이 투자자의 공감을 불러일으키고 있다는 사실은 고객수의 증가를 봐도 확연하게 알 수 있다. 가마쿠라투신의 뉴스레터에 따르면 2010년 4월 30일 시점에 386명이었던 고객수가 2012년 6월 30일 현재 3,236명으로, 2년 만에 10배 가까이 증가했다고 한다.

자산으로서의 주식이
기업의 '응원티켓'으로

'이 세상에서 진정으로 좋은 일을 하는 기업'은 멋지고 훌륭하다. 이런 기업이 만든 제품을 사용하는 생활도 멋지고 훌륭하다. 그리고 이런 기업에게 돈을 투자하고 싶은 투자자는 분명히 존재한다. 지금까지 살펴본 사례를 되짚어보면 이런 흐름이 머릿속에 떠오를 것이다

그런데 아직도 수많은 기업이 분기마다 매출증감이라는 성과지표만으로 투자자를 유치하고 있는 것이 현실이다. 하지만 기업도 '사회에 미치는 영향력'이라는 또 하나의 성과지표, 그리고 '그런 기업이 만든 제품을 사용하는 생활'이라는 '특별함'을 만드는 데 힘을 써도 좋지 않

을까? 이를 통해 투자자는 기업 활동을 지지하고 애착을 갖게 될 것이다. 즉, 기업의 팬이 점차 늘어나게 된다.

또한 이렇게 함으로써 주식은 매매 목적으로 보유하는 자산이 아니라 기업을 응원하기 위한 '티켓'이 된다. Win을 창출해야 비로소 투자자는 기업의 지속적인 재무 지원자가 되어주는 것이 아닐까?

자신이 투자자가 될 가능성은 언제든지 있다. '사회기여는 NPO에 대한 기부로! 금전적인 환원은 주식 투자로!'가 아니라 이 두 가지를 기업에 대한 투자로 이룰 수 있다면 누구나 그렇게 하고 싶을 것이다. 그리고 기업은 투자자에게 Win을 창출하면 기업은 물론, 고객(지원을 받는 쪽)에게도, 사회에도 Win의 거듭제곱을 창출할 수 있을 것이다.

Company · Customer · Community · **Contributor** · Cooperator

비전이 미래의 주주를
모아준다

쓰치다 농기계는 회사 차원에서 개발도상국으로 진출하는 첫 사례가 될 인도에서의 '필드 미니' 판매와 이를 통해 창출하려는 BOP 시장에 대한 영향력을 활용해 현재 그리고 미래의 주주에게 좋은 인상을 심어주면 Win을 창출할 수 있다.

이는 '풍요로운 녹음과 행복이 가득한 세상을 목표로 생명을 소중히 여긴다'는 비전을 가진 기업에게는 당연한 일이다. 이런 비전과 활동이야말로 미래의 주주를 모아줄 것이다.

스토리를 통해 비전에 대한
공감을 낳는다

그렇다면 구체적으로 어떤 점을 투자자들에게 호소해야 할까? 앞서 스즈키는 개발도상국, 그 중에서도 중간 규모의 농가를 위한 제품은 이익창출이 어렵고, 그렇기 때문에 경쟁사들이 진출을 주저하고 있다고 말했다.

이를 뒤집어 생각해 보면 이익창출이 어렵다고 예상되는 지역과 고객층을 대상으로 '이익 이외의 미션을 달성하기 위해 진출한다'는 인도 진출의 의의를 설명하면 이를 통해 기업의 경영 자세와 비전에 공감을 느끼는 주주가 더 늘어날지도 모른다. 이렇게 하면 진출 초기에 이익창출이 어려운 개발도상국에 대한 이해도 얻기 쉬울 것이다.

또한 이런 설명을 기존의 주주만이 아니라 시장에도 널리 알린다면 임팩트 인베스트먼트를 하는 투자자들을 끌어 모을 수도 있을 것이다.

본업에서의 승부가 새로운 브랜드를 만들고 Win을 낳는다

또한 이번의 인도 진출은 당연히 CSR 활동이 아니라 본업에서의 승부다. 따라서 이번 진출의 실적을 통해 쓰치다 농기계는 '새로운 브랜드 만들기'를 꾀하고 투자자는 물론, 고객에게도 Win을 창출함으로써 쓰치다 농기계의 비즈니스를 지지할 고객층을 더 많이 확보할 수 있을 것이다.

5

Cooperator

'경쟁'을 '협업'으로 바꾸어 Win을 창출한다

– 자신에게 부족한 부분을 누가 갖고 있는지 알고 있는가

'경쟁', '혼자만의 승리'는
이제 끝났다

'피해지역 복구'라는
미션이 낳은 협력

2011년 동일본 대지진 발생 이후, NPO뿐만 아니라 수많은 기업이 피해지역으로 지원의 손길을 보내왔다. 처음에는 위로금이 대부분이었는데, 점차 피해지역의 상황이 공개되면서 기업들이 위로금을 보내는 것 이외에 할 수 있는 지원을 찾아 나서기 시작했다. 각 기업의 강점을 활용한 지원을 모색하기 시작한 것이다.

종합건설사들은 건설현장에서 사용하는 대형 건설기계를 동원해서 잔해 철거에 도움을 주려고 했다. 지역의 구석구석까지 잘 아는 유통 기업은 도로가 잔해로 뒤덮여 있어도 물건을 전달할 수 있는 해당 지역 담당자를 물자지원 운송에 파견했다. 심지어 이들은 자신의 역할을 뛰어넘어 지원물자의 보관 및 정리, 보급에도 큰 활약을 펼쳤다. 화학 제조업체에서는 가설주택이나 파손된 건물에 머무는 사람들에게 아프리카 말라리아 예방에 효과적이었던 방충 모기장을 제공하고, 설치 작업자까지 파견했다.

또한 기업 이외에도 수많은 일본의 NPO와 NGO는 '노동력'이라는 강력한 자원을 제공했다. 일본만이 아니라 영국에서도 피해 발생 직후에 필요한 재해 구호물품 세트를 나눠주는 NPO가 지진 발생 며칠 뒤부터 활동을 시작했다.

이는 '피해지역이 하루라도 빨리 복구되도록 돕고 싶다'는 미션에 따라 각 기업이 적극적으로 다른 기업과 시민단체, NPO 등과 협력해 각자가 할 수 있는 것을 제공하면서 실천한 것들이다. 피해지역 복구 같은 큰 미션에도 모두가 겁먹지 않고 각자의 강점과 장점을 제공하고 협력한 것이다.

그렇다면 이런 활동을 세계 각국의 신규시장 개척과 신제품 개발 현장에 적용하는 것은 불가능한 일일까?

이번 장에서는 실제로 NPO의 협업이 어떻게 이뤄지고 있는지 살펴보면서 '혼자만의 승리가 아니라 모두의 승리', '경쟁자Competitor가 아니라 협력자Cooperator'라는 개념을 염두에 두고, 5C에서 Win의 거듭제곱을 창출해 나가려면 어떻게 해야 하는지 생각해 보고자 한다.

역할분담이 기본인
개발도상국 지원

NPO 입장에서 '협업'을 고려할 때 대전제로 삼는 것은 역시 비용문제다. 쓸 수 있는 자금이 한정되어 있기 때문에 NPO 내에서 모든 일을 감당하려고 하지 않는 자세가 다른 회사와의 협업에 적극적으로 나서게 한다.

먼저 NPO의 이른바 '동업타사'와의 관계란 무엇인지 알아보자. 사회문제 해결이 목적인 단체로, 지원에 관련된 모든 기능을 스스로 책임지는 곳은 어디일까? 정답은 '유엔UN'이다.

정답을 듣고 나면 '아, 역시 그렇구나!'라는 생각이 들 것이다. 세계 각국에 어떤 사회적 문제점이 있는지를 밝히고, 어느 지역에 무엇이 필요한지를 분석하고, 기금을 모아서 필요한 물자를 조달해 독자적으로 전달한다. 그리고 현지로 인력을 파견해 현장지원을 하고 문제가 개선되거나 해결될 때까지 지켜본다. 기업에서 말하는 R&D, 생산, 마케팅에서 영업에 이르기까지의 가치사슬을 독자적으로 갖추고 있다고 할 수 있다.

그러나 이는 뒤집어서 생각해 보면 유엔처럼 큰 규모의 기관이 아니면 사회문제를 해결하는 데 필요한 모든 기능을 스스로 갖추고 감당할 수 없다는 얘기가 되기도 한다. 그래서 대부분의 NPO는 목적과 기능을 특정 분야로 집중시키고 다른 분야에서 뛰어난 단체와 협력하여

가치사슬을 완성한다.

예를 들어 TFT는 '식량분배의 불균형'이라는 사회문제를 세상 사람들에게 알리고 기부금을 모으는 일을 하고 있다. 비즈니스의 가치사슬에 비유하자면 '마케팅'과 '영업'을 담당하고 있는 것이다.

하지만 40여 개국의 최빈국 가운데 어느 국가를 먼저 지원할 것인지, 아이들에게 전달할 학교 급식을 어떻게 제공할 것인지 등 R&D에 해당하는 부분은 전문가들이 포진해 있는 미국의 콜롬비아 대학에 맡기고 있다.

또한 아프리카의 초등학교에 전달할 식량을 조달하고 운송하는 물류관리는 미국에 본부를 둔 NPO인 밀레니엄 프로미스MP ; Millennium Promise나 카게노가 맡아 주고 있다. 이들에게 맡기는 편이 자금적으로도, 효율적으로도 나을 뿐만 아니라 TFT보다 전문적인 지식이 풍부해 지원의 질이 훨씬 좋아진다.

이런 협업의 모습을 좀 더 넓은 시각에서 살펴보도록 하자. 앞의 사례를 보면 관련된 모든 단체는 '식량분배의 불균형과 빈곤의 해결'이라는 미션을 내걸고 기부라는 수입으로 운영되고 있다. 즉 시장 안에 존재하는 '경쟁타사'라고 할 수 있다.

다만 계속 존재하기 위해 필요한 기부는 건전한 경쟁의식에 따라 확보하려고 하지 무리하게 시장점유를 가로채거나 경쟁에서 이기려고 하지 않는다. 그보다는 공통의 미션에 따라 서로의 강점을 살려 협력하는 것이 Win을 더욱더 증대시킨다는 것을 NPO는 잘 알고 있다.

비즈니스 추구형
M&A로 이동하자

'규모의 경제'의
한계와 방향

'한 회사가 할 수 있는 것'과 '여러 회사가 할 수 있는 것'에는 큰 차이점이 있다. 또한 타사와의 연계를 통해 비용이 절감되는 것은 NPO의 사례를 통해 잘 알 수 있었다.

그런데도 기업경영의 현장에서 이런 타사와의 연계를 자주 볼 수 없는 이유는 무엇일까?

실제로 기업이 다른 기업과 연계해서 사업을 추진하는 데는 어떤 경우가 있을까? 아마도 제일 먼저 떠오르는 것이 규모의 확대일 것이다. 뉴스에서 보도되는 기업 M&A도 시장점유율을 확보하고 규모를 확대하기 위한 것이 대부분이다.

물론 경영현장에 '규모의 경제'라는 말이 있듯이 시장점유율이 높은 것은 매출 단위수를 늘리는 것만이 아니라 재료의 조달비용을 낮추고 원가를 절감해 이익의 폭을 늘리기도 한다.

이익을 추구하는 비즈니스로는 규모 확대를 추구하는 것, 이를 위해 타사와 연계하는 것은 정당한 경영판단이라고 할 수 있다. 하지만 이익 추구'만'이 향후 기업에게 요구되는 경영 목적인가 하는 문제에 대해 나는 그렇지 않다고 생각한다.

NPO와 마찬가지로 기업에도 미션과 비전이 있다. 기업에게도 사회적 기여가 요구되는 요즘, 미션이나 비전에 사회기여를 포함시키고, 이를 순수한 마음으로 추구하고, 직원과 관계자들 모두가 납득할 수 있도록 사업을 통해 실현해 나가는 것이야말로 기업에게 진정으로 요구되는 모습이 아닐까?

비전을 순수한 마음으로 추구하고 실현하는 것은 하루아침에 할 수 있는 일도 아니고, 확고한 각오가 없으면 불가능한 일이기도 하다. 어쩌면 한 회사가 혼자 실현하기 어려운 경우도 있을 것이다. 그렇기 때문에 미션과 마찬가지로 어떻게 타사와 연계해 나갈 것인지에 대해서도 다시 생각해 봐야 할 시기가 온 것은 아닐까? 이렇게 조금만 관점을 바꿔서 생각해 보면 바로 여기에 타사와의 새로운 연계 가능성이 있다고 할 수 있다.

비전은 '액자' 속에만
존재하는가?

기업은 무엇을 목적으로 존재하는가? 당신의 회사에도 사훈 혹은 비전이라 불리는 것들이 있을 것이다. 여기에 '이익을 올리고 시장점유율을 높이자'고 써놓은 기업은 없을 것이다.

나는 TFT에 참여하는 기업들에 관해 좀 더 자세히 알아보기 위해 홈페이지를 찾아보거나 다른 사람들에게서 이야기를 듣는 경우가 종종 있다. 그런데 대부분의 기업이 '보다 나은 세상을!', '아이들에게 미소를!', '사회에 기여하자!' 등과 같이 NPO가 무색해질 정도로 큰 비전을 내걸고 있다.

그렇다면 당신은 자신의 일이 비전 달성으로 이어지고 있다고 느끼고 있는가? "기업의 비전은 어차피 액자 속에나 존재하는 것 아닌가요?"라고 말하는 사람도 있을 것이다. 나는 기업에는 기업이 정한 비전을 달성할 만큼의 힘이 있다고 항상 생각하는데, 이런 말을 들을 때마다 일하는 사람들 자신이 그것을 믿지 않는다고 생각될 때가 있다.

물론 한 회사의 힘만으로 자신의 분야에서 이익을 창출하면서 세상을 보다 나은 곳으로 만드는 것은 간단한 일이 아니다. 하지만 뒤집어 생각해 보면 각각의 회사가 그것을 실천해야 할 필요도 있다. '경쟁'이라는 장벽을 허물고 규모의 경제에서 벗어나 타사와 연계한다면 Win의 거듭제곱을 창출하는 사업 확대도 가능해진다.

프로덕트 레드가 보여준
기업 간 연계

이 같은 비전 추구형의 연계에서 '본보기'라 할 수 있는 기업 간의 노력이 있다. 바로 4장에서 언급했던 '프로덕트 레드'다. 이번에는 프로덕트 레드의 구조에 대해 자세히 소개하겠다.

프로덕트 레드는 아일랜드 록밴드 'U2'의 보컬 보노와, 아프리카 빈곤 해소와 에이즈 퇴치를 위해 노력하는 'DATA'라는 NGO의 보비 슈라이버 대표가 아프리카의 에이즈 퇴치를 목표로 2006년에 시작한 활동이다. 구체적으로는 참여 기업이 '(상품명) 레드'라는 이름이 붙은 공통 브랜드 제품을 각자 개발 및 판매하고, 그 이익의 일부를 세계 에이즈와 결핵, 말라리아 대책기금에 기부하는 구조다.

참여 기업 중에는 이미 소개했던 아메리칸 익스프레스를 비롯해 '나이키Nike', '애플Apple', '갭GAP', '엠프리오 마르마니Emporio Armani' 등 세계적으로 유명한 글로벌 기업이 많다.

프로덕트 레드의 제품들은 모두 독특하고 매력적이다. 프로젝트의 취지에 공감이 갈 뿐만 아니라 '이런 제품을 소유하는 것은 멋진 일이다'는 생각이 들게 하는 것들뿐이었다.

이 프로젝트는 이념만이 아니라 뚜렷한 결과를 만들고 있다는 점에서도 훌륭하다. 이 프로젝트로 모은 기부금은 현재까지 1억 8천만 달러에 달하며, 지원받는 아프리카 6개국에서 약 750만 명이 에이즈 대책 프로그램의 해택을 받고 있다.

이런 큰 움직임을 한 회사가 달성할 수 있을까? 아무리 유명한 글로벌 기업일지라도 몇 년 안에 이런 결과를 내기란 쉬운 일이 아니다. 하지만 기업이 각자의 특색과 강점을 살려 연계해 나간다면 단기간에 큰 목표에 도달할 수 있을 것이다. 또한 그 과정에서 각 회사는 브랜드를 더욱 강화한다. 아메리칸 익스프레스가 그의 가장 좋은 사례라 할 수 있다. 바로 기업의 연계가 Win의 거듭제곱을 낳는 것이다.

CSR이 아니라
'본업'으로 승부한다

"사회에 도움이 되고자 타사와의 연계에 노력을 아끼지 않고 있습니다. 하지만 우리 회사는 CSR에 할애할 예산이 제한적이고, 본업에서 뚜렷한 이익이 나지 않으면 사회기여를 할 수 있는 형편이 아니랍니다."

실제로 기업에서 일하는 사람들에게 자주 듣는 말이다. 하지만 나는 이런 말을 들을 때마다 의문이 생긴다. 왜 사회기여라는 단어가 튀어나오면 다들 곧바로 '특별 부서를 만들어서 예산을 책정해야 한다'고 생각하는 것일까?

'보다 나은 세상을 만드는 일'은 방어적인 자세를 취하거나 소극적인 자세로 임할 것이 아니라 일상에서 자연스럽게 행하는 것이 가장 이상적이다. 그렇지 않으면 초반에 너무 기력을 소진한 나머지 쉽게 지치고 오래가지 못한다.

기업의 경우도 마찬가지다. 사회기여가 CSR이라는 개념으로 기업의 일상에서 동떨어져 있는 것은 자연스럽지 못한 일이다. 만일 그것이 본업과 전혀 관계없는 일이라면 어떻겠는가? 직원들에게 지속적으로 흥미를 갖게 하는 것은 쉬운 일이 아니고, 언젠가 알맹이 없는 빈껍데기만 남게 될지도 모른다.

예를 들어 하천 청소나 나무 심기 활동의 경우, 이러한 활동 자체는 지역과 사회에 매우 중요하고 뜻 깊은 일이다. 하지만 '왜 우리 회사가 해야 하는가?'라는 측면에서 설득력이 떨어지고 직원들의 일상에 자연스럽게 녹아들 정도가 아니면 웬만해서 Win은 확대되지 않는다.

그렇다면 이와 반대로 당신이 일상생활에서 하는 일이 사회를 보다 나은 곳으로 만드는 데 직결된다면 어떻겠는가? 즉, 관련된 상품이나 서비스를 이용하면 세상이 좀 더 좋아진다면? 이것이 눈에 보이고 피부로 직접 느낄 수 있다면 어떻겠는가? 갑자기 하고 싶은 의욕이 마구 샘솟을 것이다.

그리고 당연히 제품이 팔리면 이익도 커지게 될 것이다. 이익이 늘어나면 더 좋은 제품을 출시하기 위해, 또한 보다 나은 세상을 만들기 위해 재투자가 이루어진다. 또한 '사회에 기여하는 기업'이라는 이미지가 형성되면 투자자나 취업 지원자도 늘어날 것이다. 이는 본업을 통해 사회에 기여할 때 생기는 선순환으로, Win의 거듭제곱이 차례로 창출되고 확대된다.

원대한 기업 미션,
협력 체제로 이룬다

나는 일본 기업이 보유한 기술과 서비스의 질이 세계적으로 인정받고 있다는 사실을 해외에 나갈 때마다 직접 피부로 느낀다. 아프리카에 가면 자동차, 농기계, 식수 여과 설비 등에서 일본의 기술과 제품을 믿고 의지하는 고객을 쉽게 만날 수 있다.

이미 본업을 통해서 사회에 기여하고 있는 기업도 많다. 하지만 이렇게 '세계의 신뢰와 실적'을 바탕으로 자긍심을 갖고 사업을 추진하는 기업은 드물다. 유감스럽게도 개개의 회사가 저마다 각자의 이익을 확대하는 데 집중한 나머지 '자기 회사가 세상 사람들에게 어떻게 비춰지는지', '사회를 위해 무엇을 할 수 있는지'를 신중하게 생각하는 기업이 적다는 생각이 들 때가 있다.

'일본'이라는 나라, 그리고 '일본 기업'이 잘하는 분야는 많다. 예를 들어 태양광 발전 분야에서 독일과 어깨를 나란히 할 정도로 세계적인 기술력을 보유하고 있다. 또한 후쿠시마 제1원자력 발전소 사고 이후 재생 에너지에 관심을 갖고 있어 대체 에너지 기술의 실천과 응용이라는 측면에서 향후 세계시장에서 두각을 드러낼 것이다.

또한 에너지 효율에 뛰어난 전자제품 개발 및 생산 능력은 한국과 중국 등에 비해 압도적으로 높은 수준이다. 이들 일본 기업이 협력한다면 ‘세계 제일의 친환경 지속가능한 전력 생산 및 사용 모델’을 다른 나라보다 먼저 제창할 수 있을 것이다. 기업이 경쟁개념에서 벗어나 대의적 미션에 따라 협력 체제를 구축한다면 말이다.

이렇게 신뢰할 수 있는 기술이 있다면 ‘세상을 보다 나은 곳으로 만들자’라는 기업의 미션을 실현하는 것은 불가능한 일이 아니다. 그리고 이를 위해 다른 업종이나 경쟁사와 협력해서 보다 큰 규모의 사업을 전개하는 것은 기업이 ‘그렇게 할 마음’만 먹는다면 매우 간단한 일이다. 그 가능성은 앞서 소개했던 ‘프로덕트 레드’의 존재와 성과가 증명해 주고 있다.

기업과 NPO가
할 수 있는 것

'말라리아 박멸'이라는 미션이
영리와 비영리를 잇다

이렇게 생각하면 NPO와 기업의 사이를 가르는 '울타리'가 없는 것이나 다름없다. 오히려 실제로 협동하는 움직임도 나타나기 시작했다.

'MNM Malaria No More'이라는 말라리아 박멸 캠페인이 있다. 매년 65만 명에 가까운 사람들(대부분이 아이들)의 목숨을 앗아가는 말라리아를 박멸하기 위해 생겨난 운동이다.

이 운동에는 실로 다양한 단체가 도움을 주고 있다. 그 중에는 '엑슨모빌Exxon Mobil', '골드만삭스Goldman Sachs'와 같은 대기업이 있는가 하면, 세계를 대표하는 FC 바르셀로나 축구팀과 미국에서 가장 인기 많은 프로그램인 '아메리칸 아이돌American Idol'도 참여하고 있다.

축구팀과 인기 프로그램은 말라리아 박멸의 중요성을 널리 알리기 위해 협력하고, 기업은 말라리아 예방 모기장을 개발도상국에 전달하기 위한 자금을 제공하는 등 참여 멤버가 각자의 장점을 발휘해 사회적 문제를 해결하기 위해 협력하고 있다. 이 같은 협력에는 영리도 비영리도 없다. 다만 사회문제를 해결하기 위해 손을 맞잡은 사람들만 있을 뿐이다.

선진국 시장이 포화상태라 BOP 시장이 주목받고 있는 지금, 이미 그곳에서 활동 중인 수많은 NPO와 기업이 연계하면 서로의 목적을 달성할 수 있다.

영리와 비영리, 지금까지 협업은 어려운 일이라고 생각했던 사람들이 손을 맞잡음으로써 수많은 Win을 창출할 수 있다.

기업과 NPO의 협력
사실은 서로가 원하고 있다

기업은 새로운 시장에 진출할 때 자금을 투자해서 세부적인 시장조사를 실시한다. 어떤 지역적인 특징이 있는지, 사람들은 어떤 생활을 하는지, 가족 구성은 어떻게 되는지, 평균소득은 얼마인지, 휴일을 어떻게 보내는지 등 제품과 서비스를 개발하기 위해 알아야 할 것들은 매우 많다. 이른바 R&D 부분인데, 여기에 드는 비용은 막대하다.

그런데 이런 정보를 손쉽게 얻을 수 있는 방법이 있다면 어떻겠는가? 아마도 기업에게 상당한 비용절감을 가져다줄 것이다.

BOP 시장의 경우, 이런 일은 얼마든지 가능하다. 왜냐하면 개발도상국을 지원하는 NPO가 이미 그 시장에 대한 지식을 충분히 갖고 있고 지역사회에 접근하기도 용이하다. 기업이 BOP 시장 진출을 고려할 때 믿음직한 파트너가 될 수도 있다.

한편 NPO에게도 기업과의 협업은 큰 이점이 있다. 개발도상국의 생활개선을 위해 노력하고 좋은 아이디어를 제안하는 NPO라도 실제로 생활개선에 필요한 제품을 생산할 능력은 없다. '이런 제품이 있었으면' 하는 생각은 해도 그것을 직접 만들 능력이 없는 경우가 대부분이다. 따라서 NPO에게 기업과의 협력은 필수적이라고 할 수 있다.

파나소닉과 크로스필즈의
연수 프로그램

기업과 NPO의 협업은 이미 시작되고 있다. 예를 들어 '파나소닉Panasonic'에서는 CSR의 일환으로 지원을 개발도상국에 파견하고 있는데, 파견 지역을 선정할 때 '크로스필즈Cross Fields'라는 NPO에게 협력을 구한다.

크로스필즈는 기업에서 일하는 사람들을 개발도상국의 NPO 등에 배치하고, 본업에서 익힌 기술을 활용해 현지의 사회문제를 해결하는 데 참여하도록 하는 '연수 프로그램'을 제창한 단체다.

한편 파나소닉은 개발도상국에 직원을 파견하기 위해 빈곤층의 위생과 생활 향상에 힘쓰고 자연 에너지의 이용 및 보급에 관련된 단체를 찾고 있었다. 이때 크로스필즈를 만나게 되었고, 그들의 지식과 네트워크가 큰 도움이 되었다.

그리고 첫 번째 파견이 성공을 거두어 파나소닉의 BOP 시장을 위한 상품 개발에 그 경험이 활용됐다고 한다.

기업과 NPO의 연계는 미국에서도 큰 주목을 받고 있고, 여러 경영자들과 지식인들이 장점에 대해 이야기하고 있다. 사회적 기업가를 육성하는 활동으로 유명한 아쇼카Ashoka 재단의 빌 드레이튼 대표는 한 논문에서 이렇게 서술했다.

"시민 부문이나 그 리더들과 손을 잡고 이를 통해 배운 기업에게는 큰 규모의 새로운 시장이 눈앞에 펼쳐질 것이다. 또한 새로운 비즈니스 모델과 선점자 이득에 의해 경쟁우위를 획득할 수 있다."

그는 또한 "기업은 이러한 협업을 통해 유능한 리더를 선별하고 육성하는 기회를 얻을 수 있다. 그리고 NPO도 수월하게 자본을 이용할 수 있고, 도와주고 싶다고 생각한 사람들의 생활도 큰 폭으로 개선할 수 있다"고 다양한 이점을 서술했다.

Competitor가 아니라
Cooperation이다

예전에 태양광 발전 기술에서 세계 최고 수준의 기술을 보유하고 있는 기업의 직원과 이야기를 나눈 적이 있다. 그 직원에게 나는 '그 패널을 왜 아프리카에서 판매하지 않느냐'고 물었다. 아프리카에서 가장 풍부한 천연 자원은 뜨겁게 내리 쬐는 태양광이다. 이곳에 고성능 태양광 발전 기술을 싼값에 제공한다면 기업에게도 매출증대의 기회가 될 뿐만 아니라 한층 개량된 제품 개발과 사회기여의 기회가 되지 않느냐고 물은 것이다.

그는 이렇게 대답했다.

"좋은 아이디어예요. 하지만 저희 회사는 'B to B(기업 간의 거래)'로 제품을 판매하고 있어서 'B to C(기업과 일반 소비자와의 거래)'의 시장에는 접근할 수가 없답니다."

나는 참 안타까운 일이라고 생각했다. 만일 새로운 시장에 접근하는 일이 어렵다면 그 분야의 지식과 경험을 가진 타사와의 연계를 통해서 실현하면 된다. 이는 좋은 아이디어일 뿐만 아니라 실현 가능한 아이디어이기도 하다. 하지만 자신도 모르는 사이에 생겨난 고정관념이라는 높은 벽 앞에서 사람들은 더 이상 유연한 사고를 하지 못하게 된다.

고정관념의 벽은 소위 '혼자만의 승리'를 추구하려는 종래의 비즈니스 방법으로 인해 형성된 것이다. 고정관념에서 벗어나 보자. 가령 ‘쿄세라Kyocera’의 태양광 패널과 ‘미쓰비시Mitsubishi’ 전기의 충전지를 탑재한 ‘닛산Nissan’의 하이브리드 자동차가 있어도 좋지 않을까?

기업이 눈에 보이지 않는 장벽을 허물고 진심으로 ‘협업’이라는 선택지를 잘 활용할 수 있다면 어떤 원대한 미션도 실현 가능할 것이다.

이처럼 나는 끊임없이 Win의 거듭제곱을 창출해 나가는 미래는 분명히 실현 가능하다고 믿는다.

Company · Customer · Community · Contributor · **Cooperator**

다른 기업과의
연계 가능성은 없는가?

쓰치다 농기계의 경우, 경쟁사들이 개발도상국 진출을 주저하는 단계에 있기 때문에 진출국에서의 경쟁은 사실상 없는 것이나 마찬가지다. 하지만 뒤집어 생각해 보면 하시모토 팀에게 본보기 혹은 반면교사로 삼아야 할 사례가 없었기 때문에 다른 기업과의 연계라는 선택지도 나오코에게 지적받을 때까지 생각하지 못했던 것 같다.

앞에서 살펴봤듯이 쓰치다 농기계가 실현하고 싶은 고객 및 지역사회의 Win 창출과 현실에는 격차가 존재한다. 이런 격차를 메우기 위해서 '우리는 무엇이 가능하고', '어떤 점은 타사의 협력이 필요한지'를 밝히는 것이 목표에 도달하기 위한 첫 걸음이 될 것이다.

그리고 협력이 필요한 부분에서 '그것을 제공할 수 있는 곳이 어디인지'를 알아내는 것이 그 다음 단계가 될 것이다. 쓰치다 농기계가 협업할 수 있는 파트너는 매우 다양하다. 현지기업이나 외자기업만이 아니라 NPO나 NGO, 현지 정부나 학교, 조합 등 협업 대상은 얼마든지 있다.

비전을 공유하는 것이
협업의 가능성을 개척한다

파트너로 협업하려면 이해관계에 합의하는 것만이 아니라 비전을 공유하는 것도 중요하다. '풍요로운 녹음과 행복이 가득한 세상을 목표로 생명을 소중히 여긴다'는 쓰치다 농기계의 비전에 공감하는 타사와 협력하는 것이 함께 일하는 데 있어서 창조적인 방법을 낳고, 그것이 고객과 지역사회, 쓰치다 농기계의 직원들, 주주에게도 Win을 파급시킬 수 있는 비즈니스를 창출한다.

하시모토 팀의 뒷이야기

"어느새 2년이 지났네요. 세월 참 빠르군요."

하시모토가 수확기를 앞둔 사무소 앞의 밭을 바라보고 서 있는데 뒤에서 누군가 말을 걸어왔다.

"아, 이토 자네였나? 마침 나도 자네와 같은 생각하고 하고 있었네. 2년 전 이맘때는 필드 미니를 포기해야 한다고 생각했었지?"

두 사람은 조용히 밭을 바라봤다. 아무 말 하지 않아도 서로 무슨 생각을 하고 있을지 잘 알고 있었다. 2년이라는 시간은 하시모토와 이토, 스즈키에게 그만큼 소중한 시간이었다.

"지금이니까 말씀드리지만, 그때 저는 '말도 안 되는 팀에 들어왔다'며 하루라도 빨리 매출을 올려서 실적을 쌓고 본사로 돌아가야겠다'고만 생각했어요. 스즈키도 '모처럼 사회에 기여할 수 있는 일을 하는 팀에 들어왔는데'라며 나오코 씨에게 술주정도 많이 했었죠."

두 사람은 잠시 옛 생각에 젖었다.

“그랬지. 지금 생각해 보면 그때 우리 셋 다 서로 다른 방향을 보면서 일을 하고 있었던 것 같네. 나무만 보고 숲을 못 본다는 말처럼 눈앞의 나무를 얼마나 크게 키울 것인지에만 혈안이 되어 있었지. 그렇지 않나? 내가 먼저 숲을 보고 자네하고 스즈키와 그런 것들을 공유했어야 했는데, 그러지 못한 것이 제일 큰 문제였지. 에이스를 두 명이나 데리고 있었으면서 내가 시동을 걸지 못했던 거지.”

“에이스요? 에이, 그건 과대평가세요.”

이토는 손사래를 치며 웃었다. 그리고 잠시 묘한 표정을 지으며 말을 이어나갔다.

“하지만 시동이 걸리고 나서부터 하시모토 부장님은 정말 대단하셨어요. 터보 엔진처럼 저희들을 막무가내로 끌고 나가셨으니까요. 그뿐만 아니라 주변을 통해 배우고 협력을 얻으려는 자세는 또 어땠고요. 도움을 얻는 것과 자신감을 갖고 일하는 것은 상반된 것이 아니라는 사실을 저는 하시모토 부장님을 통해 지난 2년 동안 직접 배우고 느꼈습니다.”

“자네, 이제 그만하게. 우리가 서로 무슨 칭찬대회라도 하는 것 같구먼!”

하시모토가 쑥스러워하자 이토가 웃음을 터뜨렸다.

때마침 스즈키가 나오코와 밭 건너편에서 손을 흔들면서 다가왔다.

"분위기 좋은데요! 설마 두 분이서 제 험담을 하고 계셨던 것은 아니죠? 나오코 누님, 부장님하고 이토 선배는 매일 이렇다니까요."

"안녕하세요! 역시 변함없이 사이가 좋으시네요. 역시 남자들은 일단 단결만 되면 똘똘 잘 뭉친다니까요."

나오코가 밀짚모자를 벗으면서 짓궂은 표정을 지어보였다.

"아닙니다. 이 두 늙은이가 2년 전을 되돌아보면서 감개무량해져서 이런저런 이야기를 나누고 있었습니다. 이렇게 웃으면서 2년 전을 떠올릴 수 있는 것도 나오코 씨가 스즈키에게 해줬던 조언 덕분이죠. 그리고 타사와 협력하는 방법이며 소액대출을 조성하는 방법이며 정부 관계자들과 이야기를 나눌 수 있도록 주선도 해주시고 힘도 써주시고⋯⋯. 정말이지 은인이 따로 없습니다. 그저 감사할 따름입니다."

하시모토가 진심 어린 감사의 인사를 전하자 이토도 옆에서 한마디 거들었다.

"정말로 그래요. 특히 종자 업체를 소개해 주신 것이 큰 도움이 됐어요. 그리고 나오코 씨가 해주셨던 농업 강습회, 소개해 주신 NGO의 마을 여성을 위한 영양 강좌도 마을 사람들의 생각을 전통작물만 고집

할 필요가 없다는 쪽으로 바꾸는 데 큰 영향을 미쳤죠."

"뭐예요! 오늘 무슨 칭찬대회라고 하는 거예요? 그렇게 보면 스즈키의 노력도 정말 대단했죠. 아, 맞다! 그 아이디어는 정말 대단하지 않았어요?"

나오코는 흙벽 창고 세 개가 나란히 늘어서 있는 쪽으로 눈길을 돌렸다. 농가 사람들과 커뮤니케이션을 나누려 애쓰기보다 스즈키가 직접 그들 속으로 뛰어들었기 때문에 들을 수 있었던 고민을 반영해서 제안한 것이었다.

마을 사람들이 트랙터 구입을 주저한 가장 큰 이유는 경제적인 문제가 아니라 작물과 관련된 것이었다. 농가의 가장 큰 고민은 힘들게 수확한 작물이 다 팔기도 전에 썩어 버리는 문제였다. 그 이유가 저장할 수 없는 작물을 재배하는 전통과 저장 가능한 작물을 재배해도 보관해 둘 장소가 없다는 점 그리고 시장에 유통시킬 경로가 제한되어 있다는 점이라고 스즈키가 밝혀냈다. 그리고 스즈키는 곧바로 행동에 돌입했다.

그 중 하나가 바로 나오코가 소속된 NPO에서 저장 가능한 작물을 재배하는 이점을 농가에게 설명하고, 실제로 재배하는 방법을 지도하는 일이었다. 또 다른 하나는 마을 사람들의 협력을 얻어 저장고를 만드는 일이었다. 작물을 시장으로 유통시킬 경로는 쉽게 늘릴 수 있는 것이 아니고, 모든 수확물을 운반할 만큼 많은 트랙터를 바로 구입할 수 있는 경제력도 마을 사람들에게는 없었다. 그래서 저장고를 활용하면서 조금씩 수확물을 유통시키면 어떨까 하는 생각에서 제안한 것이었다. 그리고 이런 계획은 원만하게 제 기능을 다했다.

"그렇게 말씀하시니 쑥스럽네요. 어쨌든 농가 사람들과 좋은 관계를 만든 것은 정말로 잘 한 일 같아요. 지금은 마을 사람들이 제안하는 것이 더 많아졌어요. 트랙터 휘발유를 차례를 정해서 조달하자고도 하고, 기술 전문학교에 다니는 학생들을 수리공 인턴으로 고용하면 좋겠다고 한 것도 모두 농가에서 제안한 것이니까요."

"붙임성 좋은 스즈키의 성격이 그런 결과를 만들어낸 것 같아. 나오코에게 조언을 얻은 것도 스즈키가 이런저런 술주정을 늘어놓은 덕분이니까."

이토가 스즈키의 말을 익살스럽게 받았다.

"이번에는 너무 사실대로 말씀하시는 거 아니에요?"

스즈키가 되받아치자 네 사람은 동시에 웃음을 터트렸다.

“그런데 이토 선배님은 언제 도쿄로 돌아가시나요?”

웃음이 잦아들자 스즈키가 생각났다는 듯이 물었다.

“아, 올해 수확이 끝난 뒤에 갈 것 같아. 처음 여기 왔을 때는 돌아가고 싶어서 안달이었는데, 지금은 정반대야.”

아쉬운 듯이 이토가 대답했다. 이토는 도쿄 사무소로 발령을 받아 둔 상태였다. 회사 측이 결정한 사항이기도 했지만, 하시모토가 그렇게 하도록 강력하게 추천했다.

“이토, 자네는 이제 도쿄에서 자네의 능력을 발휘해 주게. 여기서 고생하면서 겪은 경험과 노하우를 본사 사람들에게 잘 전해 주고, 무엇보다 성심을 다해 열심히 하게나!”

하시모토가 너무 진지한 표정으로 말을 하자 나오코가 의아하다는 듯한 표정을 지었다.

“아, 나오코 씨에게 제가 말하지 않았나요? 필드 미니는 아직도 개선할 점이 있어요. 부품을 여기 토양에 맞게 개량하는 것도 그렇고, 휘발유를 쉽게 구할 수 없으니 연료전지로 움직이게 할 수 있으면 얼마나 좋을까 하고 생각했죠. 그래서 타사와 협력해서 공동개발에 도전해 보려고 해요.”

"대단하죠, 나오코 누님? 이토 선배님은 지난 2년 동안 저보다 더 열정이 넘치는 남자가 됐다고요!"

스즈키가 농담조로 말했다.

서로를 격려하며 웃는 그들을 보면서 하시모토는 진정한 의미에서 '동료'라 부를 수 있는 팀원을 얻은 것에 마음속 깊이 감사했다.

쓰치다 농기계의 인도 진출은 조그마한 성공을 천천히 쌓아 나가고 있어 아직 큰 성공을 이뤘다고 말할 수 있는 단계는 아니다. 하지만 고객인 농가와 그 밖의 마을 사람들, 팀원, 협력하는 동료들의 웃는 얼굴을 보면 지금의 방법이 틀리지 않았다는 것을 하시모토는 확신했다.

"이토가 도쿄로 돌아가면 이번에는 세 명이 이곳으로 들어올 모양이네. 본사도 우리의 방식을 인정했다는 뜻이지. 자, 앞으로 더 분발해야겠지?"

복받쳐 오르는 감정을 억누르듯 기지개를 켜면서 하시모토가 말하자 스즈키가 밝은 목소리로 대답했다.

"역시 오늘은 칭찬대회였군요! 자, 그럼 2부는 올해의 수확을 축하하는 의미에서 축배를 들면서 할까요?"

네 사람의 웃음소리는 농작물이 무르익은 밭으로 널리 울려 퍼졌다.

'이익창출과 사회기여',
두 마리 토끼 잡기

"난민에게 의복을 지원하고 있다는 사실을 알고, 저도 참여하고 싶다는 생각으로 유니클로에 입사할 결심을 했습니다."

"저도 아토피로 고생하고 있기 때문에 화장품 회사에 들어가서 저와 같은 문제로 고통받는 여성들이 안심하고 사용할 수 있는 제품을 개발하고 싶습니다."

"아이들의 해맑은 미소를 보는 것에서 행복을 느끼기 때문에 식품회사에 들어가서 엄마와 아이 모두가 좋아하는 식품을 만들어 전하고 싶습니다."

내 주변에 이런 생각을 갖고 직장을 찾는 젊은이들이 늘고 있다. 지금으로부터 20년 전, 내 또래가 취업활동을 할 때는 생각지도 못했던 사고방식이다. 그 당시 학생들의 지원 동기는 "초임은 그저 그렇지만 관리직으로 올라가면 연봉 천만 엔은 꿈이 아니니까", "3년만 고생하면 해외 지점으로 발령받을 기회가 생기니까" 등이 대부분이었다.

그런데 요즘은 취업을 앞둔 학생들이 직업과 기업에 바라는 것이 변하고 있다. '일을 통해 무언가 사회에 도움이 되고 싶다', '같은 생각을 가진 동료와 학문을 배우고 덕행을 닦고 싶다' 등이 요즘 젊은이들이 바라는 것이다. 다 그런 것은 아니겠지만 나는 그렇게 생각한다.

그런데 이미 유명한 대기업에 취직해서 사회인으로서 첫발을 내딛은 우수한 젊은이들의 이야기는 조금 다르다.

"연초의 전체 미팅에서 '전년대비 매출 10퍼센트 상승을 목표로!'라며 서로 다짐했는데, 도대체 누구를 위해, 무엇을 위해 하는지, 그것을 실현하면 어떻게 되는지 잘 모르겠어요."

"솔직히 무엇을 목표로 매일 열심히 일하면 되는지 구체적으로 모르겠습니다."

'무엇을 위한 일인가?'라고 묻는 불만의 목소리다.

이런 젊은이들의 속내를 통해 알 수 있는 것은, 그들이 회사에 기대하는 것이나 일을 통해 실현하고자 하는 '미래예상도'와 기업이 실현하고자 하는 것에는 큰 격차가 존재한다는 사실이다. 그리고 그 격차가 좁혀지지 않기 때문에 기업은 재능 있는 젊은이들을 활용하지 못하고, 젊은이들은 기업에 실망한 나머지 꿈을 실현할 곳을 회사 밖에서 찾으려 한다.

하지만 잘 생각해 보자. 이 격차는 정말로 좁혀질 수 없는 것인가?

해결할 수 없는 문제인가? 나는 그렇지 않다고 생각한다. 실제로 유명한 기업 중에도 본업을 통해 사회에 도움을 주고 있는 기업, 그리고 그것이 젊은 사원들을 행복하게 만들고 있는 기업, Win의 거듭제곱을 멋지게 창출하고 있는 기업은 분명히 존재한다.

일례로, '오츠카제약'大塚製藥의 포카리스웨트는 인도네시아에서 불티나게 팔리고 있다. 진출 당초에는 고전을 면치 못했지만 최근에 매출이 빠른 속도로 신장되고 있고, 국내 매출을 육박할 정도로 어마어마한 기세를 보이고 있다고 한다.

포카리스웨트가 성공할 수 있었던 이유는 두 가지다. 하나는 현지 판매촉진 사원이 학교나 병원을 자주 방문해 포카리스웨트가 열사병이나 뎅구열바이러스 등을 예방한다는 것을 꾸준하게 호소한 것이다. 그리고 다른 하나는 낮에 음식이나 물을 입에 대지 않는 이슬람교의 라마단(단식월) 기간 중에 해가 지고 난 다음에 처음으로 마시는 음료로 포카리스웨트를 추천한 것이다. 이런 노력들이 인도네시아 국민들에게 서서히 받아들여지면서 꾸준한 매출상승을 기록하고 있다고 한다.

이 이야기는 이렇게 정리할 수 있다. 인도네시아는 적도 아래 위치하고 있어 열대 특유의 질병으로 고생하는 사람이 많고, 세계 최대의 이슬람교 국가다. 그곳에서 현지 문화와 풍토를 반영해 지역사회에 Win을 가져다주는 전략이 포카리스웨트의 성공의 열쇠였던 것이다.

나는 이 이야기를 알게 됐을 때 소름이 돋을 정도로 진한 감동을 받았다. 멋지지 않은가! 중학생 시절, 여름철 땡볕 아래서 방과 후 활동을 하면서 마셨던 시원하고 깔끔한 포카리스웨트. 어머니는 편도선이 약해 자주 고열에 시달렸던 나에게 포카리스웨트 사다 주곤 하셨다. 그 포카리스웨트가 먼 인도네시아에서 사람들의 목숨을 구하고 건강을 지켜주고 있다니, 비단 오츠카제약의 직원이 아니더라도 자랑하고 싶은 이야기가 아닌가?

나는 너무나도 기쁜 나머지 TFT 사무소에 도와주러 나오는 학생들에게 이 이야기를 들려주곤 한다. 그러면 학생들은 하나같이 이런 반응을 보인다.

"좋네요! 저도 현지 판매원으로 파견되어서 일해 보고 싶어요."

"새로 개발한 상품도 아닌데 그렇게 '세상 사람들을 돕는 상품'이 아직도 있군요! 저는 그런 상품이 더 없는지 찾아보고 싶어요."

"그건 직원들이 생각해낸 아이디어인가요? 아니면 그런 부서가 다른 회사에도 있나요?"

제2의, 제3의 포카리스웨트가 아직도 많이 있을 것 같지 않은가? 우리의 주변에 존재하는 제품이나 서비스를 가지고 발상의 전환과 제공 방법을 바꾼다면 '사회를 보다 나은 곳으로 만들 가능성'이 있다. 나는 사회를 보다 나은 곳으로 만드는 제품은 셀 수 없을 만큼 많다고 믿는다.

그리고 이런 발상과 제공 방법의 전환을 꾀하는 사고방식이야말로 바로 이 책에서 다뤘던 'Win의 거듭제곱'이라고 할 수 있다. TFT 활동에 참여하고 있는 500개사 중에서도 세계 각국의 사람들에게 도움이 되는 이른바 '다이아몬드의 원석'을 가진 기업은 매우 많다.

기업의 이익만이 아니라 주변 환경에 Win을 창출하려는 경영 자세는 현재와 미래의 직원들에게 지지를 받을 뿐만 아니라 이제는 새로운 시장에서의 성공을 낳는 요인이 되기도 한다.

2012년 7월, 자동차 제조업체인 '스즈키Suzuki'의 인도 자회사 공장에서 폭동이 일어나 많은 사상자가 발생했다. 폭동의 원인은 아직 불명확하지만 이유가 무엇이든 현지 직원들 사이의 높은 불만이 그 배경에 있는 것은 사실이다. 스즈키 측은 원인이 규명될 때까지 공장조업을 정지할 예정이라고 한다. 손실액은 하루에 8, 9억 엔으로 추정되고 있다.

이 사건의 해결책은 아마도 인도를 비롯한 신흥국에 사업을 진출하려는 기업에게 시금석이 될 것이다. 또한 이 사건은 종래에 좋은 평가를 받았던 방식 즉, 인건비가 싼 신흥국으로 생산거점을 옮겨 본사 직원을 현장 감독관으로 파견하고, 현지인들을 직원으로 채용해 제품을 생산하는 방식이 이제는 더 이상 성공을 보장하지 않는다는 것을 나타낸다. Win의 거듭제곱을 창출할 수 없는 기업은 글로벌 경쟁시장에서 배척된다고 해도 과언이 아닐 것이다.

우리를 둘러싼 모든 환경에 Win을 창출한다. 물론 너무 장대해서 어디서부터 어떻게 시작해야 할지 모르겠다는 사람도 있을 것이다. 우선 직원과 기업이 그린 각자의 미래예상도 사이에 존재하는 격차를 좁히는 일부터 시작해야 한다.

주변의 다양한 사회문제에 좀 더 관심을 가져보자. 경영자 혹은 관리자라면 젊은 부하직원들에게 '현재 어떤 사회문제가 존재하는지', '그 중에서 관심이 있는 것은 무엇인지'에 물어보자. 그들은 정말로 잘 알고 있다. 그 중에는 자사 제품과 서비스를 활용한 해결방법을 이미 찾아낸 직원이 있을지도 모른다. 더 이상 '이익만 내면 그만'이라고 말하지 말고 부디 주변의 문제에도 관심을 가지길 바란다.

그리고 젊은이들도 "본업을 통해서 사회공헌이나 CSR을 하라고 하는데, 우리 회사는 눈앞의 일에 집중하라고 일축해 버리고 말아요"라며 처음부터 포기하지 않았으면 한다. Win의 거듭제곱을 창출하는 미래예상도를 그리는 것은 기업에게만 맡겨진 일도, 경영자만의 일도 아니다. 기업을 구성하는 것은 다름 아닌 직원인 당신 자신이다. 모두 자신의 목소리를 높이고 누군가를 돕겠다는 뜻을 실천에 옮기면 기업에 '내비게이션'을 설정할 수 있다.

용기를 갖고 일어나 행동으로 옮기길 바란다. 그리고 이 책이 그런 행동에 일조한다면 나에게 그것만큼 기쁘고 행복한 일은 없을 것이다.

이 책을 쓰는 데 도움을 주신 모든 분들에게 깊은 감사의 마음을 전한다. 'Win의 거듭제곱'의 첫 신봉자이자 이 책을 집필할 수 있는 기회를 주신 다이아몬드 출판사의 히로하타 다쓰야 편집장님께 깊은 감사를 드린다. 처음 뵈었을 때 나를 깜짝 놀라게 했던 "애플과 TFT에는 공통점이 있는 것 같네요"라는 코멘트가 없었다면 이 책은 존재하지 않았을 것이다. 일러스트를 그려 준 오야마쓰 아키코 씨에게도 감사의 인사를 전한다.

Win의 거듭제곱의 가능성을 가르쳐 준 테이블 포 투 사무국의 직원들, 대학연합의 학생들, 프로그램에 참여해 준 협력 기업과 단체, 그리고 아프리카의 어린이들과 가족에게도 감사드린다.

자료조사를 도와준 나카모토 치즈와 다카하시 겐타, 히로세 다이치, 도스 후미쓰구, Ms. Yasmina Zaidman, Mr. Alex Gregor, 가마쿠라투신의 관계자분들께도 바쁘신 와중에 도움을 주신 데 깊은 감사의 마음을 전한다.

그리고 나의 '신념'과 '생각'을 멋지게 글로 만들어 준 아내 고구레 기요, 집필에 힘을 북돋아 준 딸 린에게 진심 어린 감사를 전한다.

2012년 10월 고구레 마사히사

존경받는 기업을 만드는 새로운 비즈니스 패러다임

Win의 거듭제곱

초판 1쇄 인쇄 2013년 5월 2일
초판 1쇄 발행 2013년 5월 9일

지은이 고구레 마사히사

펴낸이 김영범
펴낸곳 토트 · (주)북새통

편집주간 김난희
마케팅 김병국, 추미선
관리 최보현, 남재희

디자인 su:

주소 서울시 마포구 서교동 465-4 광림빌딩 2층
대표전화 02-338-0117
팩스 02-338-7161
출판등록 2009년 3월 19일 제 315-2009-000018호
이메일 thothbook@naver.com

ISBN 978-89-94702-24-7 13320

잘못된 책은 구입한 서점에서 교환해 드립니다.